Dorothee Sölle

Erinnert euch an den Regenbogen

HERDER spektrum

Band 4944

Das Buch

Die zentralen und schönsten Texte Dorothee Sölles. Im Werk wie im Leben der theologischen und spirituellen Dichterin und Denkerin gehören Reden und Handeln, Denken und Tun, Kontemplation und Engagement zusammen. Eindringlich sind ihre Texte, Reden, Gedichte und Gedanken, mit denen sie Leserinnen und Leser berührt und bewegt – weit über konfessionelle Grenzen hinweg. Geprägt von feministischer und Befreiungstheologie, ist Spiritualität bei ihr kein Programm, sondern lebendiges Unterwegssein. Begegnungen mit Menschen in Lateinamerika und den USA, mit Müttern und Professorinnen, mit Politikern und Kindern, haben ihren Blick und ihr Herz weit werden lassen für das normale wie das außergewöhnliche Leben, und sie schreibt von beidem.

In diesem Buch wurden die wichtigsten Texte aus gut drei Jahrzehnten ausgewählt. Das sind Texte, die die Träumenden zum Handeln bringen und die Handelnden zum Träumen; Gedichte, die geglücktes Leben besingen, über die Heiligkeit staunen und Scheitern und Leid wahrnehmen, ohne die Hoffnung zu verlieren. „Erinnert euch an den Regenbogen", das heißt: Solange die Erde steht, wird das Leben nicht aufhören, kostbar, bedroht, gefährdet – und getragen zu sein.

Poesie, Reflexion und Appell machen Anspruch und Zuspruch, Ungeduld und Hoffnung, Glück und Versöhnung sichtbar – für Menschen, die nach Spiritualität im Alltag suchen, nach religiöser Sprache ohne Dogmatismen, Denk- und Fühlverbote. Das Buch steht wie Dorothee Sölle selbst dafür, der Gleichgültigkeit, der Beliebigkeit und der Hoffnungslosigkeit nicht das letzte Wort zu überlassen.

Die Autorin

Dorothee Sölle, geb. 1929, Theologin, Germanistin und Schriftstellerin. Zahlreiche Bücher und Veröffentlichungen, Vortrags- und Seminartätigkeit. Sie hatte einen Lehrstuhl am Union Theological Seminary in New York inne und lebt heute in Hamburg. Bei Herder Spektrum: Den Rhythmus des Lebens spüren ; Inspirierter Alltag.

Die Herausgeberinnen

Bettina Hertel, geb. 1967, Theologin und Psychologin, Referentin im Frauenwerk der Ev. Landeskirche in Württemberg

Birte Petersen, geb. 1964, Theologin, Medienlektorin und Autorin; beide Leben in Stuttgart

Dorothee Sölle

Erinnert euch an den Regenbogen

Texte, die den Himmel auf Erden suchen

Herausgegeben von
Bettina Hertel
und Birte Petersen

HERDER

FREIBURG · BASEL · WIEN

Gedruckt auf umweltfreundlichem,
chlorfrei gebleichtem Papier

4. Auflage

www.herder.de
Satz: Rudolf Kempf, Emmendingen
Herstellung: fgb · freiburger graphische betriebe 2003
www.fgb.de
Umschlaggestaltung und Konzeption:
R·M·E München / Roland Eschlbeck, Liana Tuchel
Umschlagbild: Johannes Itten,
Die Begegnung 1916, © VG Bild-Kunst Bonn 2000
ISBN 3-451-04944-9

Inhalt

Vorwort 9

1: „Erinnert euch an den Regenbogen"
Schöpfung und Zukunft 11
Die sieben Farben, die zusammen das Licht sind 12
Die Verbundenheit alles Lebendigen 13
Eine geschichte aus dem talmud und fragen für uns 16
Eine neue Spiritualität der Erde 18
An der Versöhnung der Schöpfung mitarbeiten . 24
Ein gebet nach dem ersten johannesbrief 3 vers 2 28
Unser täglich Brot 30
Street flower 34

2: „Meine Seele sieht das Land der Freiheit"
Die verändernde Macht der Gerechtigkeit 35
Trost, Gerechtigkeit, Mut 36
Die große Wut im Bauch 37
Leicht und lächerlich – Erfahrungen mit der Einsamkeit 38
Fürchte dich nicht 44
Von der Verzweiflung zur Gerechtigkeit 44

Gott ist, daß du den Armen speist 45
Träume von der Liebe gegen die Gewalt 47
Das Geheimnis des Glaubens verstehen 49
Kreuzigen 52
Weil Gott sich eingemischt hat, können wir uns einmischen 54
Es steht geschrieben, daß maria sagte 56

3: „Die Kraft, die uns nach Gott rufen läßt"
Schmerz und Auferstehung 58
Johannes 20 vers 13 59
Aufstand des Lebens gegen den Tod 60
Den Schrei der Leidenden lauter machen 60
Am Brot allein sterben wir 62
Aus unseren tiefsten Erfahrungen – Theologie . 65
Jakobs Ringen mit dem Unbekannten 65
Durchwachte nacht 70
Christus hat keine anderen Hände als unsere . . 71
Von Gott reden nach Auschwitz 72
Laßt uns von der Auferstehung sprechen! 74

4: „Die Träumenden zum Handeln bringen, die Handelnden zum Träumen"
Der Weg der Mystik 75
„Sunder warumbe" – ohne Warum 76
Am Atem des Lebens, an Gottes Geistin teilhaben 79
Maria und Martha: Die Einheit von Handeln und Träumen 82
Du sollst dir kein Bildnis machen 87
Konzentrationsübung 89
Leer werden 90

Mystik und Widerstand 91
Das gebet des windes in grandchamp 97
Freiwillige Armut: Dorothy Day 98
„Das Eis der Seele zu spalten“ 103
Wir gehören nicht uns selber 105

5: „Damit es Leben in Fülle für alle gebe“
Der Geist der Befreiung 106
Hoffen um der Hoffnungslosen willen 107
Gott im Müll 109
Frau doktor t in bolivien 110
Erinnerung an das Feuer 111
La casa de ernesto cardenal 115
Leben in seiner Fülle: Rede in Vancouver 117
Ein befreiendes religiöses Bewußtsein der Frauen 122
Gott unsere Schwester 127
Bibelkunde 132
Die salbende Frau: Namenlos und unvergessen 133
Die Heilige Geistin 136

6: „Wo immer die Liebe gelingt und das Leben glückt“
Freundschaft und Glück 140
Jemandem sein glück glauben 141
Was zählt – Brief an meine Kinder 142
Sieben Wünsche 144
Zur Freude fähig werden 145
Jesus: der andere mit Glück ansteckt 149
Liebe kommt nie an ihr Ende 151
Die Feinde der Liebe 152

Rut und Noomi – Geschichte einer Freundschaft 153
Meine beste Freundin 156
Im Glauben ganz und schön werden 158
Das Glück, nicht mehr getrennt zu sein 160
Genauer wünschen lernen 162

7: „Die Heiligkeit des Lebens berühren und miteinander teilen"
Die ermutigende Kraft der Tradition 163
Ein kleiner Extratopf Hoffnung 164
Was Christsein bedeutet 167
Credo 171
Kirche außerhalb der Kirche 172
Wie ich mir Theologie wünsche 176
„Wir gehn uns nicht verloren" 178
Aus der Gewißheit Gottes leben 179
Lesen 180
Die alte Lehrerin, die Bibel 180
Psalmen essen 182

Quellenverzeichnis 186

Vorwort

Vor langer Zeit habe ich Martin Buber in Jerusalem besucht. Ich hatte mich als Theologin angekündigt und die erste Frage, die er mir nach einem längeren Schweigen stellte, war: „Theo – logie, wie machen Sie das eigentlich? Es gibt doch keinen Logos von Gott!" Manchmal kommt es mir so vor, als hätte ich die nächsten vierzig Jahre meines Lebens vor allem über diese Frage nachgedacht und andere Formen der Sprache gesucht, die sich einem Reden-zu annähern und das Reden-über vermeiden. Die erzählende, narrative Methode und die Theopoesie liegen mir am Herzen und ich wünschte, sie hätten mehr Recht und Raum, gerade im Protestantismus.

Eine lange Zeit geriet ich, wenn jemand mich nach meinem Beruf fragte, in Verlegenheit. Oft sagte ich einfach, „ich bin Theologin", aber das war irreführend, weil ich nie bei der Kirche oder der Universität angestellt war. Später habe ich mich dann mit „ich schreibe Bücher" aus der Affäre gezogen. Wenn dann noch jemand nach der Zahl meiner Bücher fragte, war ich erst recht ratlos, weil sie schneller wuchs, als ich rechnen kann! Das Wort „Schriftstellerin" kam mir erst in den letzten zehn Jahren über die Lippen, es kam mir zu arrogant und selbstgefällig daher. Schließlich tröstete ich mich mit dem von mir sehr geliebten Sören Kierkegaard, der auch ein religiöser Schriftsteller ohne kirchlichen Dienst war.

Heute verstehe ich meine Arbeit gern im Licht des Satzes von Meister Eckehart „Gott ist das Allermitteilsamste". Es ist nicht leicht, Gott zu verteilen, und wer immer es versucht, macht die Erfahrung der Niederlage. Jeder falsche Satz über Gott befördert das Mißtrauen und den Unglauben, aber vor allem die allzu vollmundigen Reden.

All das ging mir durch den Kopf, als ich diese Auswahl aus meinem Werk zu sehen bekam. Sie ist von zwei Frauen der jungen Generation gemacht, und das ist ein Glück! So ist sie viel besser geraten, als ich das je gekonnt hätte. Zum Schreiben gehört ein radikales Gefühl vom Heute, vom Jetzt, das den Überblick über viele Jahre und die Zusammenbindung ganz verschiedener Texte schwierig, wenn nicht unmöglich macht. Ein lebendiges Lesen, den Bleistift in der Hand, vielleicht sogar im Gespräch mit kritischen Freundinnen und Freunden, ist das, was sich alle Schreibenden wünschen. Die beiden Herausgeberinnen haben an diesem Wunschtraum gearbeitet. Es kommt mir vor, als hätten wir zusammen ein gutes Brot gebacken. Ich möchte Bettina und Birte von Herzen danken.

Hamburg, im Juni 1999
Dorothee Sölle

1

„Erinnert euch an den Regenbogen"

Schöpfung und Zukunft

Wollen wir auf die Schöpfung anders antworten, nämlich im Sinne einer Zärtlichkeit für alles, was auf dieser Erde lebt, und wollen wir die werden, als die wir gedacht sind, nämlich Mit-Schöpfer, geschaffen nach Gottes Bild, dann muß klarwerden, daß sich Schöpfung niemals nur auf unseren Ursprung, sondern immer auch auf unsere Zukunft bezieht. Die Schöpfung, die mit der ersten Schöpfung begonnen hat, ist noch nicht zu Ende.

Die sieben Farben, die zusammen das Licht sind

Erinnert euch an den Regenbogen, das Zeichen für Gottes Umkehr.

Gott, so muß man sich das vorstellen, hatte einen Kriegsbogen, aus dem er Pfeile schoß, die Blitze. Aber jetzt legt er diesen Kriegsbogen weg und benutzt das Kriegsinstrument als Vertragssymbol. Der Regenbogen als Zeichen des Friedens zwischen uns und der nie mehr verfluchten Erde. Ich weiß, daß die Wolke über Hiroshima deswegen nicht verschwunden ist und nicht zu vergessen ist. Aber der Regenbogen erinnert mich an den möglichen Frieden, den versprochenen Frieden, den herzustellenden Frieden. Wenn schon Gott in dieser Geschichte den Regenbogen braucht, um erinnert zu werden an das, was er versprochen hat, wie sehr erst wir! Wir brauchen Zeichen, Symbole, Erinnerungen. Es macht einen Unterschied, ob in unserem Leben der Regenbogen vorkommt, oder ob wir nur noch Befehlssymbole wie: rot – warten, grün – fahren wahrnehmen. Erinnert euch an den Regenbogen: Frieden zwischen Gott und der Erde.

Wir brauchen den Regenbogen, weil er aus Wasser und Licht gemacht ist und Himmel und Erde berührt. Wasser, Feuer, Luft und Erde sind die alten Elemente. Die Indianer in Nordamerika haben die Elemente mit den Himmelsrichtungen verbunden und gelehrt, daß ein Mensch in alle vier Richtungen gehen muß und Wasser, Feuer, Luft und Erde berühren muß, so daß er ihre Gabe empfängt. Weisheit, Vertrauen und Wärme, Weitblick und Sinn für das Nahe sind solche Gaben. Wer nur in eine Richtung geht, nur eine Gabe empfängt, sich einseitig entwickelt, kann kein ganzer Mensch werden. Erinnert euch an den Regenbogen, die Gabe des Feuers, die Gabe des Wassers, die Gabe des Windes und die Gabe der Erde. Erinnert euch an die sieben Farben, die zusammen das Licht sind. Erinnert euch an damals nach der Sintflut und an heute und die Anfänge neuen Lebens.

Die Verbundenheit alles Lebendigen

Die Haltung der amerikanischen Ureinwohner gegenüber der Erde wurzelt in einem tiefen Gefühl der Verbundenheit, gegründet in dem Einssein mit der Natur. Gott existiert für sie innerhalb der geschaffenen Welt, er ist nicht der absolute Herrscher und Herr über sie. Gott hat seine Seele in die Schöpfung gegeben, folglich ist die Erde mehr als bloß Materie, die man ungestraft ausbeuten dürfte. Im Lichte einer religiösen Tradition, die eng mit der Natur verbunden geblieben ist, bedeutet der Glaube an die Schöpfung, daß wir die Heiligkeit allen Lebens auf Erden, nicht nur unseres eigenen, bekennen. Der imperialistische Standpunkt gegenüber der Natur hat tiefe Wurzeln in der übertrieben transzendenten, monotheistischen und patriarchalen Religion. Die befreienden Elemente der christlichen Schöpfungslehre werden durch unterdrückerische Elemente neutralisiert. Eines der ältesten Objekte von Unterdrückung und Ausbeutung ist die Erde.

Eine der dringendsten Aufgaben heutiger Theologie besteht in der Wiederentdeckung der befreienden Anteile im religiösen Erbe. Am kreativsten bei dieser Arbeit an einem neuen Gottesbild sind diejenigen, die von den unterdrückerischen Elementen der christlichen Tradition am meisten verletzt worden sind. Feministische religiöse Gruppen stehen bei diesen Versuchen an der Spitze, sie haben die besten, bewegenden und mutigen Formen einer neuen Liturgie geschaffen. Ein Beispiel dafür ist ein Text von Carter Heyward:

»Im Anfang war Gott,
im Anfang die Quelle von allem, was ist,
im Anfang die Sehnsucht: Gott.

Gott – die stöhnende,
Gott – die in Wehen liegende,
Gott – die gebärende,
Gott – die jubelnde,
Gott, voller Liebe für ihr Geschöpf,
sprach: Es ist gut !

Dann hielt Gott zärtlich die Erde im Arm,
wissend, daß alles Gute geteilt sein will.
Gott sehnte sich nach Verbundenheit.
Gott wollte die gute Erde teilen mit andern,
und die Menschheit ward geboren aus Gottes Verlangen.
Wir wurden geboren, die Erde zu teilen.«

Dies ist eine feministische Liturgie, weil die Autorin die Schöpfung aus der Perspektive der Zärtlichkeit, nicht der Herrschaft sieht; Gott und Mensch haben gemeinsam an der Erde teil – wie es zum Ausdruck kommt im Bild von der irdischen Mutter, die abhängig ist von dem Ersehnten, wie die Liebe abhängig ist.

Eine besonders negative Konsequenz aus dem abendländischen Glauben an einen absolut transzendenten Gott betrifft die Rolle des Menschen. Der biblische Schöpfungsmythos betont die Herrschaft des Menschen über die Erde. In der Genesis wird der Mensch als von den Tieren und der übrigen Natur verschieden dargestellt. Die Unterschiedenheit des Menschen von seinen natürlichen Geschwistern, den Tieren und Pflanzen, wird überbetont. Das Ergebnis dieser scharfen Unterscheidung ist, daß uns das Bewußtsein für das, was wir mit den nichtmenschlichen Lebewesen gemeinsam haben, verlorengegangen ist – und damit die Ehrfurcht vor dem Leben. In Wahrheit sind wir genauso abhängig von Luft, Wasser, Licht und Nahrung wie sie. Wir sind ebenso verletzlich und sterblich wie sie, aber unsere imperialistische Einstellung gegenüber der Natur läßt uns dieses gemeinsame Los vergessen und verdrängen.

Könnten wir die Verbundenheit alles Lebendigen begreifen, so würden wir zu einer Haltung der Demut angesichts der Schöpfung zurückfinden. Wenn wir ein neues Verständnis von Schöpfung entwickeln wollen, brauchen wir ein kritisches Bewußtsein von der unserem Glauben innewohnenden Destruktivität. Wir müssen immer klarer unterscheiden zwischen unterdrückerischen und befreienden Elementen in unserer Theologie und unseren Frömmigkeitstraditionen. Eine Theologie der Schöpfung muß in der Lage sein, uns zu lehren, wie wir die Erde mehr lieben können.

Eine geschichte aus dem talmud und fragen für uns

Als gott himmel und erde geschaffen hat
waren ihm beide gleich lieb
während die himmel sangen
und gottes ehre zu rühmen wußten
weinte die erde
    hast du die erde weinen hören
    hast du die toten fische vergessen
    war dir der alte baum im weg
    sind dir die vögel ausgeblieben
    hast du die erde weinen hören
drei gründe gab die erde an für ihr weinen
mich sagte sie hältst du fern von dir
während die himmel in deiner nähe sind
und sich am glanz deiner herrlichkeit freuen
    bist du die erde trösten gekommen
    als ihr gewalt angetan wurde
    hast du mitgegrölt und die beute berechnet
    hast du gesehen
    wie schön ihr altes gesicht voller schrunden ist
    hast du allen gezeigt wie sie glänzt von der
    nähe gottes
    bist du die erde trösten gekommen
meine speise sagte die erde
gabst du in der himmel hand
während die himmel von deinem tisch gespeist werden
    hast du gehört wie die erde klagt
    los werden die oberen herrn wer will das nicht
    sitzen am tisch der reichlich für alle gedeckt ist

hast du vergessen daß sie alle satt machen kann
hast du gehört wie die erde gegen die herren klagte
was auf mir ist sagte die erde
ist dem tode geweiht
der nicht in der himmel reich kommt
wie sollte ich sagte die erde da nicht weinen
hast du die erde sprechen hören
hast du die sprache der erde verstanden
hast du den lügen der himmlischen todfreien
gelauscht
hast du die trauer der erde geteilt
hast du die erde sprechen hören
nach den büchern hat gott die erde getröstet
doch versprach er ihr keine nähe
keine bessere speise und kein todfreies leben
es soll dir nicht bange sein erde
dereinst wirst auch du sagte er
unter den singenden sein
hast du gott trösten sehen
anders als durch dich oder mich
hast du mit der erde gesungen
hast du von ihr singen gelernt
hast du gott trösten sehen
bist du ein trost für die erde gewesen

Wann werden wir lernen, hinzuhören auf den Schrei der Mitgeschöpfe und endlich politische Konsequenzen zu ziehen? Ist es wirklich nur der Wille, der fehlt? Oder ist es vielleicht noch etwas anderes, das im Grund unseres Lebens wurzelt, eine Art tiefer Lebenseinstellung, etwas, das einer der Propheten einmal das »Herz aus Stein« nannte, das wir gegen ein fleischernes umtauschen sollen? Was die Bibel mit »Willen« meint, ist nicht nur rationale Einsicht, der sich dann das Verhalten unterordnet. Es ist nicht die Herrschaft der Vernunft über die disziplinlosen Triebe, sondern ein ganzheitlicher Begriff. »Wo euer Schatz ist«, sagt Jesus, »da ist euer Herz.«

Wenn also euer Schatz, eure Lust, euer Spaß im schnellen Herumdüsen ist, so ist euer Herz nicht gerade beim Überleben der Bäume. »Wollen« ist das, worauf sich unsere Lebenswünsche richten: Kopf und Herz, Bedürfnis und Intention gehören zusammen. Wollen ist ein spiritueller Grundbegriff. In einem englischen Kirchenlied heißt es, zu Gott gesprochen: »Hauch du mich an, Atem Gottes, bis ich mit Dir eines Willens bin im Handeln und im Ertragen. – Unto with Thee I will one will to do and to endure.«

Für das Überleben der Schöpfung ist eine andere Spiritualität als die der Herren und Besitzer unabdingbar. Wie könnte sie aussehen? Was müßte sich denn an unserer Lebensfrömmigkeit ändern, so daß wir anfangen, die Schöpfung zu lieben? Rosemary Ruether nennt drei Voraussetzungen einer solchen entstehenden ökofeministischen Spiritualität.

Die erste ist die Annahme der *Vergänglichkeit des Ich.* Die christliche Tradition hat sich manchmal schwer getan, Vergänglichkeit und Sünde klar auseinanderzuhalten. Immer wieder hat sie »die Frau zum Sündenbock für Sünde und Tod und zur Ursache von Unreinheit und Vergänglichkeit« gemacht. Und eher dem platonischen als dem hebräischen Denken folgend, hat sie oft die Vergänglichkeit und Sterblichkeit der materiellen Existenz als etwas Schlechtes gedeutet.

Aber nicht unser Begrenztsein trennt uns von Gott. Nicht, daß wir, von Erde genommen, wieder zu Erde werden, eingebettet in den Kreislauf alles Lebendigen, das eine Zeitlang atmet, ist unser Hauptunglück. Nicht der Tod ist unser Problem, sondern das Töten. Wir können verlernen, uns an das oft unsterblich geträumte Ego zu klammern. Sterblichkeit ist eine Bedingung, die wir mit allen anderen Lebewesen teilen. Sie anzunehmen, statt unsere Lebensgier zu verlängern, ist eine Gestalt der spirituellen Weisheit. Einer der großen christlichen Heiligen hat den Tod unsere Schwester genannt und ihn mit Sonne, Wasser und Erde zusammen gelobt. Eine Spiritualität des Loslassenkönnens könnte uns einüben in ein anderes Verhältnis zur Schöpfung.

Der zweite wichtige Punkt ist die Erkenntnis von der *gegenseitigen Abhängigkeit alles Seienden.* Sie ist die tiefe Grundlage einer Frömmigkeit, die uns Menschen nicht mehr als »Herren und Besitzer der Natur« (Descartes) ansieht. Die Natur ist keine Sache, von der wir nach Belieben mehr produzieren können. Land, Wasser, Luft sind nicht Waren, die privat angeeignet, beliebig vermehrt und wie Aktien gehandelt werden können. »Die Erde gehört Gott« ist einer der großen, unter uns vergessenen

Sätze der Bibel. Und so ist Ökologie »die biologische Wissenschaft von den Lebensgemeinschaften; sie zeigt die Gesetze auf, durch welche die Natur ohne menschliche Hilfe Leben hervorgebracht und erhalten hat.«

Alles, was ist, steht in einer wechselseitigen Beziehung, und die Krise der Umweltzerstörung ist »zu einem großen Teil das Resultat unserer Unfähigkeit, das recycling-System der Natur nachzuahmen.« Gegenseitige Abhängigkeit ist das Gegenmodell zum männlich-abendländischen Modell von Herrschaft. Auch die Pflanzen sind lebende organische Wesen, die auf Wärme, Licht, Wasser und Klang reagieren. Sogar chemische Aggregate sind tanzende Energiezentren. Negativ formuliert: Es gibt Pflanzenfresser, die verhungern, weil sie alle Pflanzen kahlfressen. Sie mißachten das Organisationsprinzip der Schöpfung, eben die gegenseitige Abhängigkeit.

In diesem Sinn ist es falsch, den Kampf um das Dasein und die Verabsolutierung der Konkurrenz zur Grundlage des Denkens über die Natur zu machen. Das, wozu unser Wirtschaftssystem die Menschen gnadenlos erzieht – entweder Du oder Ich, eine der beiden Seiten muß weg –, das führt, biologisch gesprochen, in das Ausgerottetwerden und die Selbstzerstörung, die wir in den reichen Ländern betreiben. Die Suche nach absoluter Macht und Kontrolle, die durch Industrien des Luxus und Technologien des Krieges geschürt wird, bringt die gesamte menschliche Gesellschaft an den Rand der Selbstauslöschung.

Die andere Spiritualität, die wir brauchen, beruht auf dem Angewiesensein aller aufeinander, und das bedeutet mehr, als daß die Schwächeren auf die Starken angewiesen sind, wie es eine freundlich-patriarchale, wertkonservative Ethik zugesteht. Zum Überleben brauchen wir eine Ethik, die spirituell einen Schritt weitergeht als dieses Sich-Herabneigen. Wir müssen ein tieferes Angewiesensein aufeinander verstehen und es in einem anderen Sinn von Gleichheit praktizieren. Auch die Starken brauchen die Schwachen.

Was wäre Jesus ohne quengelnde Witwen? Was Martin Luther King ohne die Textilarbeiterin Rosa Parks? Was hieße Freiheit ohne die Gleichheit zwischen der menschlichen Spezies und allen anderen Mitgliedern der Lebensgemeinschaft, zu der wir gehören? Was wären wir ohne unsere Geschwister, die Bäume und die Vögel? Die Sichtbaren brauchen die Unsichtbaren, und ohne einen Ausgleich zwischen denen, die jetzt leben, und den späteren Generationen ist menschliche Kultur nicht denkbar.

Damit bin ich schon beim dritten Punkt dieser ökofeministischen Spiritualität. Er besteht in einer anderen Wertschätzung der *Gemeinschaft.* Erst in ihr, erst im Miteinander von aufeinander angewiesenen Lebewesen können wir das, was Personsein bedeutet, leben. Eins der oft beschriebenen Symbole einer kranken Gesellschaft ist die Autoschlange mit je einem Individuum in seinem Blech mitten im Stau. Die Idee, dieses Problem durch mehr Straßen zu lösen, ist selbstmörderisch. Das spirituelle Problem, das hinter diesem Krankheitssymptom steckt, ist ein totalitär gewordener technologisch angeordneter und inszenierter Individualismus.

Wer nur gelernt hat, »ich« zu sagen, kann mit der ökologischen Katastrophe, in der wir sind und die wir ansteuern, nur in hilfloser Betroffenheit umgehen. Er hat aus seinem Kopf einen Fernseher gemacht und aus der Politik eine Einschaltquotenmaschine. Eine feministisch-ökologische Analyse findet nicht mehr statt, Kinder und gar ihre Atmungsorgane sind keine Wirtschaftsfaktoren. Ein gemeinsames Umdenken in Gruppen oder gar ein neues Wollen in Annäherung an Gottes Willen, also das, was man früher einmal »Beten« nannte, findet nicht statt. Wenn Beten heißt, wünschen zu lernen, statt im wunschlosen Unglück zu verharren, dann ist es notwendig, dies gemeinsam zu tun. Das Subjekt der Umkehr, die wir brauchen, beginnt bei dem erschrockenen, verstörten, mitleidenden Ich, aber es geht über in Gruppen, Netzwerke, Gemeinschaften. Wir haben kein Recht, den Generationenvertrag aufzukündigen, wir haben alles Recht, ihn einzuklagen.

Können wir dabei auf Gott rechnen? Ich denke, daß ohne die Fähigkeit, an Gott und seine weitergehende Schöpfung zu glauben, die Hoffnung vor unseren Augen eingeht. Vielleicht der schönste Vers von Psalm 104 ist Vers 30. »Du machst neu die Gestalt der Erde.« Oder: Und du erneust das Angesicht der Erde. Renovabis faciem terrae. Um das zu verstehen, um sich daran halten zu können, brauchen wir Glauben. Nicht die Für-wahr-Halterei von sieben Tagen Schöpfungszeit, sondern wirklichen Glauben.

Ich kenne viele Menschen, die diesen Glauben an die renovatio der Schöpfung nicht mehr aufbringen. Es ist zu spät, sagen sie, es kann nur noch das Ende der Welt kommen. Mir wird nirgends so deutlich, wie sehr ich den Glauben an Gottes Kraft, an Gottes Geistin brauche. Mitten in einer geistlosen Welt lebend, will ich darauf vertrauen können, daß sich das Gesicht Gottes dem Gesicht der Erde zuwendet, damit sie leben kann.

Gott, deine Geistin erneuert das Gesicht der Erde.
Erneuere auch unser Herz
und gib uns deinen Geist der Klarheit und des Mutes!
Denn das Gesetz des Geistes,
der uns lebendig macht in Christus,
hat uns befreit von dem Gesetz der Resignation.

Lehre uns
wie wir mit der Kraft des Windes und der Sonne
leben und andere Geschöpfe leben lassen.
Lehre uns
die Kraft der kleinen Leute zu spüren
und keine Angst mehr zu haben,
wenn wir widersprechen und widerhandeln
dem Luxus auf Kosten aller anderen Geschöpfe.
Lehre uns
die immer größere Freude
beim Lebendigwerden in deiner lebendigen Welt,
weil wir unser Ende nicht fürchten.

Gott, deine Geistin erneuert das Gesicht der Erde.
Erneuere auch unser Herz
und laß uns wieder miteinander leben.
Lehr uns zu teilen statt zu resignieren,
das Wasser und die Luft,
die Energie und die Vorräte.
Zeig uns, daß die Erde dir gehört
und darum schön ist.

An der Versöhnung der Schöpfung mitarbeiten

Das Wesen der Schöpfung ist nicht Tod und Gleichgültigkeit, sondern Leben – Leben in seiner ganzen Fülle.

Partizipation am Schöpfungsprozeß geschieht um des Lebens willen und erfordert gute, produktive, unentfremdete Arbeit. Aus solcher Arbeit wird neues Leben entspringen, ein Leben, das ganz anders ist als das, was wir heute in der Industriegesellschaft führen, ein Leben, das nicht unter der Vorherrschaft des Todes steht und todessüchtig bleibt. Arbeiter, die für die Bedürfnisse ihrer Kommune und ohne Vergewaltigung der Natur arbeiten, versöhnen Arbeit und Schöpfung. Zu dieser Aufgabe der Versöhnung sind wir alle berufen. In der katholischen Tradition werden Christus und die Heiligen oft als Handwerker dargestellt. Auf Bildern sieht man sie inmitten ihrer Werkzeuge, ihrer Netze und Sicheln, oder umgeben von den Früchten ihrer Arbeit. Diese Bilder preisen die Partizipation der Arbeiter an der Heiligung der Erde. Das Christusbild der bürgerlichen Religiosität dagegen ist entweder das süße Kind in der Krippe oder der sentimentalisierte Schmerzensmann am Kreuz. Wir Protestanten haben Christus als Arbeiter so gut wie vergessen. Partizipation der Arbeiter am Versöhnungswerk Christi klingt in unseren Ohren fast wie Gotteslästerung. Dabei übersehen wir die wirkliche Gotteslästerung, die dem arbeitenden Menschen unter der Lohnsklaverei seine Würde raubt.

Das wichtigste Bild aus der Bibel, das etwas über Arbeit als Fortsetzung der Schöpfung Gottes sagt, ist das

Leben, das Jesus und seine Freunde geführt haben. In den Evangelien wird erzählt, wie Jesus arbeitete. Es war Zusammenarbeit: mit Fischern, mit Landlosen, mit Frauen und anderen Armen, die ihm folgten. Was er tat, war: heilen, satt machen, lehren und predigen. Er betrieb Gemeinschaftsarbeit, heute würden wir es vielleicht »Stadtteilorganisation« nennen. Er drückte sich selber kreativ, schöpferisch aus in dem, was er tat. Er bezog sich auf die Bedürfnisse der Armen, indem er für sie da war. Der Sohn eines Zimmermanns wirkte bei Fischern und Arbeitslosen, von denen viele zu den Ärmsten der Armen gehörten. Jesus kümmerte sich um die Unterdrückten, er ging zu den Ausgestoßenen, heilte die Kranken; reagierte so auf die Notsituationen in seiner Gesellschaft. Die Bedürfnisse der Gesellschaft wurden von ihm verstanden als die Bedürfnisse der Randgruppen, der Schwächsten. Diese Beziehung auf die wirklichen Bedürfnisse der Menschen – und nicht auf eine Produktion als solche – ist vielleicht die klarste Weisung, wie wir Arbeit als sinnvoll denken können. Jesus und seine Freunde verwirklichten neue, herrschaftsfreie Gemeinschaftsformen, in denen keiner Rabbi oder Meister genannt wurde. Wird Jesu Tod als Konsequenz seines Handelns verstanden, dann wird der Versöhnungscharakter menschlicher Arbeit deutlich. Anstatt die besten Jahre unseres Lebens in sinnlosem Streben nach persönlichem Reichtum zu vertun, könnten wir ihm nachfolgen in der Einsicht, daß gute Arbeit der Weg ist, auf dem wir persönlich an Gottes weitergehender Schöpfung und an der Erlösung der Welt mitwirken.

Unabhängig davon, ob wir in der Produktion oder im Service, im Gesundheitswesen oder in der Kultur tätig sind – wir sind Arbeiter, und der Arbeiter setzt die Schöpfung Gottes fort, die »sehr gut« genannt wurde. Eine Produktion, die darauf gerichtet ist, die Schöpfung zu vernichten, kann im Sinn dieser Überlegungen nicht »Arbeit« genannt werden; es handelt sich um Verbrechen. Die Aufforderung des texanischen Bischofs Leroy Matthiesson, die Arbeiter der Firma Pantex, die an der Atomraketenproduktion beteiligt ist, sollten den Arbeitsplatz wechseln, sofern sie Christen wären, ist nur konsequent. Unter den drei genannten Dimensionen einer menschlichen Arbeit hat die dritte heute eine immer klarere Bedeutung: Jede Arbeit, die auf die Vernichtung der Lebenden, der Nachkommen, der Mitgeschöpfe und der ganzen Erde abzielt, ist mit dem christlichen Glauben unvereinbar. Ein Soldat ist kein Arbeiter.

Durch Arbeiten im guten Sinn können wir zur Versöhnung der Schöpfung beitragen und den Einklang zwischen ihr und der menschlichen Gemeinschaft wiederherstellen. Die Kirchenväter haben gepredigt, das Leben sei vor der Auferstehung brutal und sinnlos gewesen; die Menschen hatten keinen Anteil am Schöpfungswerk, sondern waren den Herrschern und Machtstrukturen, den »Fürstentümern und Gewalten« dieser Welt unterworfen. Als Christus durch seinen Kampf und sein Kreuz die Königsherrschaft (wie es in der alten Bildersprache heißt) gewann, da gab er die Welt in die Hand der arbeitenden Menschen zurück, in die Hand der Söhne und Töchter Gottes. Diese Sicht der Erlösung macht klar, wie weit sich zeitgenössische Theologie von einer versöhnenden Auffassung sowohl der Schöpfung als auch der Erlösung entfernt hat. Das Christentum hat in seinen Hauptströmungen die Errettung durch Christus auf ein inneres Geschehen reduziert; es hat einen Individualismus des Heils hervorgebracht, in dem der einzelne beansprucht, gerettet zu werden, ohne sich zu ändern oder selber zum Auslöser von Veränderung zu werden.

Diese Tendenz, den christlichen Glauben von den sozialen Bedingungen zu trennen, hat unter anderem dazu geführt, daß die Theologie fast gänzlich darauf verzichtet, Arbeit im Kontext von Schöpfung und Erlösung zu deuten. Sie ignoriert die Welten von Leid, die durch die Strukturen unserer Arbeitsorganisation entstehen. Sie verschleiert unbewußt oder sogar zynisch, daß wir als arbeitende Wesen nach dem Bilde des »großen Künstlers« geschaffen sind. Es gibt eine lange Liste mit Beispielen für die Komplizenschaft des Christentums, wenn es darum ging, schlechte, sinnlose oder schädliche Arbeit zu rechtfertigen. Das ist nicht nur das Resultat ungenügender ethischer Reflexion, sondern eine theologische Unfähigkeit, wahrzunehmen, daß Christus durch sein Wirken die Welt den Menschen zurückgegeben hat. In sinnerfüllter Arbeit geschieht Auferstehung aus der Macht der Sünde. Noch warten wir auf Arbeit, die uns versöhnt: mit uns selber, unserem Nächsten und der Natur. Durch solche Arbeit werden wir, von Gottes Macht ermächtigt, endlich sichtbar – als Gottes Kinder.

Ein gebet nach dem ersten johannesbrief 3 vers 2

Und ist noch nicht erschienen was wir sein werden
o gott der du auftust und offenbar machst
wann wird es so weit sein
wann werden wir sichtbar
wann wird die wahrheit an uns sichtbar
wann wird man an unsern städten sehen
hier wohnen die söhne und töchter gottes
die schwarze nicht von weißen apart halten
und türken nicht von deutschen separieren
und frauen nicht von der wahrheitsfindung ausschließen
wann werden wir sichtbar gott
als deine töchter und söhne

Und ist noch nicht erschienen was wir sein werden
o gott die du leben hervorbringst und lachen
wann wird es so weit sein
wann werden wir offenbar
wann wird die wahrheit uns sichtbar
wann wird man an unserm fernsehprogramm erkennen
hier wohnen die freunde gottes
sie schrecken niemanden ab sie laden ein
sie spielen handball mit denen
die sie früher feinde nannten
und trauen ihnen die deine kinder sind wie wir
wann werden wir sichtbar gott
als deine töchter und söhne

Und ist noch nicht erschienen was wir sein werden

o gott die du uns besser kennst als wir uns selber kennen
wann müssen wir unser gesicht nicht mehr verstecken
vor den verhungernden
wann werden wir sichtbar
wann wird die wahrheit durch uns hindurchleuchten
wann wird man an unsern handelsbeziehungen sehen
hier wohnen die neuen menschen die schwesterlichen
wann wird die sonne der gerechtigkeit über uns aufgehen
und die ausplünderungsnacht zu ende gehen
wann werden wir sichtbar gott
söhne und töchter in deinem reich

Und ist noch nicht erschienen was wir sein werden
o gott der du alles geschaffen hast
wann wird es so weit sein
daß wir es sehr gut nennen wie du
wann werden wir sichtbar
wann wird die wahrheit scheinen
wann wird man an unsern gärten und feldern sehen
hier wohnen die sanften kinder der erde
dic das vergewaltigen nicht gelernt haben
und das plündern verlernten
hier wohnen kleine menschen
die die türme nicht in den himmel bauen
und die tiere nicht zu tode testen

Gott freundin der menschen freund der erde
komm bald
maranatha beeil dich
mach uns sichtbar
töchter und söhne
in deinem reich

Unser täglich Brot

Gott ist Brot, aber nicht meins. Gott ist, wie ein holländischer Mystiker gesagt hat, das gemeinschaftlich Gute. Für die Hungrigen ist es klar genug zu sagen: »Gott ist Brot.« Aber für die Übersättigten muß der Satz heißen: »Gott ist geteiltes Brot«. Es gibt so ein merkwürdiges menschheitliches Wir, ein Uns. Das Brot, das nicht unser ist, ist nicht das Brot, das Gott gibt. »Unser« bedeutet, wir müssen den langen Weg von der Beziehung, der Familie, dem Clan, der Volksgruppe, der Nation, der Zivilisationsgemeinschaft bis zur Einen Welt ohne Hunger gehen. Die Erde hat auch heute noch genug Brot für alle Kinder. Und das Menschenrecht, zu essen, satt zu werden, gehört zu den Grundrechten. An dieser Menschenrechtsverletzung sind alle reichen Staaten heute beteiligt. Drei Viertel aller Länder der Erde leben unter der Herrschaft der Marktwirtschaft. In neun von zehn dieser Staaten wird gehungert und verhungert. Den Markt interessiert das nicht, weil er nur danach fragt, was diese Leute anzubieten haben und wonach Nachfrage besteht. Aber Gott fragt nach den Bedürfnissen der Menschen, nach ihrem Hunger. Gott ist das Brot, Gott ist die Bäckerin, Gott verteilt. Wir beteiligen uns an diesem Gottesbrot, indem wir essen, backen und sattmachen.

Der russische Religionsphilisoph Solowjow hat gesagt, das Brot, das ich esse, ist ein materielles Problem, das Brot, das meinem Nachbarn fehlt, ist ein spirituelles Problem. Für mich. Es ruft mich zu Gott, dem sich verteilenden Gott; es trennt mich von Gott, das Brot, das ich den andern verweigere. Das ist eine Antwort auf die

Frage, warum der Materialismus so tödlich ist. Er baut eine Mauer auf, die uns von Gott trennt. Das Brot ist dann kein Sakrament mehr, die Bäckerin wird unsichtbar. Das Verteilen von Brot, das eine wunderbare Brotvermehrung mit sich bringt, wird nicht mehr erlebt. Wen wundert es noch, daß diese Selbstausschließung vom Leben den spirituellen Tod der Langeweile, des Zynismus, des Versinkens in Karriere und Konsum mit sich bringt?

»Gib uns Brot, so viel wir heute brauchen« ist eine andere Übersetzung unserer Bitte. Dieses Element der Zeit, das durch die Wörter »täglich« und »heute« hereinkommt, fällt mir am schwersten. Es weist zurück auf die Geschichte von dem himmlischen süßen Brot, das Gott auf Israel in der Wüste herabregnen ließ. Dieses Manna ließ sich nicht aufbewahren. Wer es hortete, hatte am andern Morgen eine stinkende, wurmzerfressene Masse vor sich. Ich habe Schwierigkeiten mit dieser verrückten Geschichte. Schließlich legt sich jedes vernünftige Eichhörnchen einen Vorrat an. Warum muß ich denn täglich und heute auch auf Gott angewiesen sein? Kann ich mir nicht einen kleinen Gottesvorrat anlegen? Ist die Kirche im besten Sinne des Wortes nicht ein Vorratshaus? Kann es wahr sein, daß ihre Vorräte, von Würmern zerfressen, anfangen zu stinken? Aber wenn ich an meine eigene Mutlosigkeit, meine ökonomisch-ökologische Analyse denke, meine und unser aller Ohnmacht, dann merke ich, wie sehr ich jeden Tag ein Stück vom täglichen Brot der Ermutigung brauche. Eine kleine Geschichte davon, wie der Dämon vom ewigen Wachstum ausgetrieben wurde, eine kleine Gruppe, die den ungerechten Kaffee nicht mehr trinkt, eine Nachricht vom

Widerstand gegen unsere Art, zu leben. An manchen Tagen gehe ich leer aus. Gott gibt mir kein Stück eßbaren Brotes. Aber so lang ich lebe, will ich nicht aufhören zu quengeln und zu jammern: »Ein Stück Hoffnungsbrot, laß uns doch nicht verhungern, Gott.«

Die Bäckerin, das Brot des Lebens, die Verteilung gehören zusammen. Wir sollten uns in acht nehmen und nicht eines dieser Elemente von den andern isolieren. Wenn wir die Bäckerin vergessen, schließlich haben wir ja unsere Fabriken, dann bilden wir uns ein, das Brot sei unerschöpflich und alle könnten damit hausen wie wir. Wenn wir das Brot isolieren, dann nehmen wir ihm seinen mystischen Charakter und geben ihm falsche Namen wie Bruttosozialprodukt, das mit Luft und Erde, mit Wasser und Energie nichts zu tun hat. Wenn wir das Verteilungsproblem zum einzigen erklären, dann haben wir vergessen, daß nicht wir das Brot machen. Daß wir es nur heute und nur in Tagesration erbitten sollen, ist der klarste Hinweis auf Gottes Gnade, auf die wir angewiesen sind.

Ich will mit einem Erlebnis vom Münchener Kirchentag 1993 schließen. Brotlos wie ich oft bin, hatte ich einen kleinen Text über die Hoffnung geschrieben und vorgelesen. Er trug den Titel »Eine Asylantin.«

Hier ist sie nicht geboren.
Unsere Sprache spricht sie nicht.
Gearbeitet hat sie ohne Papiere.
Gewohnt hat sie wechselnd
bei einer Freundin
in einem Container.

Sie würde gern anfangen
zu arbeiten hier bei uns.
Ihr Name ist Hoffnung.
Hier kennt sie niemand.

Als ich wieder in Hamburg war, bekam ich einen Brief von einem mir unbekannten Mann. Er schrieb: »Liebe Frau Sölle, bitte verzweifeln Sie nicht. Die Hoffnung ist keine Asylantin ohne Arbeitsgenehmigung. Sie war am 10. Juni vierzehntausendmal um Sie herum. Niemand ist in die Olympiahalle gekommen, ohne Hoffnung mitzubringen. . . .«

Unser täglich Brot gib uns heute. Dieser Brief war ein Stück Brot von Gott. Unser aller Brot. Jeden Tag neu. Das Brot des Lebens. Amen.

Street flower

Am straßenrand blüht eine malve
eine knospe ist beinah offen
altrosa wird sie sein
vielleicht schon morgen

Hätt ich geduld
ich würde warten
hätt ich aufmerksamkeit
ich rührte mich nicht vom fleck
hätt ich frömmigkeit
hier würde ich niederknien

Vielleicht schon morgen
könnt ich sehen nicht nur glauben
wie es einem mitgeschöpf gelingt
am straßenrand zum blühen zu kommen

2
»Meine Seele sieht das Land der Freiheit«

Die verändernde Macht der Gerechtigkeit

Innerhalb der biblischen Tradition wurde das »Gott von ganzem Herzen lieben« gefüllt mit der Gerechtigkeit, die in der Tat unser ganzes Sinnen und Trachten, unsere Rationalität und unsere Emotion, unsere Phantasie und unsere Beharrlichkeit braucht.

Trost, Gerechtigkeit, Mut

Trost und Gerechtigkeit werden in der Bibel nicht auseinandergerissen. Gott kommt nicht wie ein billiger Trost, wie ein Trostbonbon vom Himmel. Gott tröstet nicht so, daß wir irgend etwas zur Beruhigung in den Mund geschoben bekommen. Was ist denn Trost eigentlich? Als meine Kinder noch klein waren, habe ich meine dritte Tochter einmal mit einem Schokoladenhasen trösten wollen. Da sagte sie mir: »Mama, du willst mich ja nur wegtrösten!« Das habe ich nie vergessen, so entsetzt war ich über mich selber.

Aber Gott will uns nicht wegtrösten, sondern uns hertrösten, so daß wir Anteil an Gottes Macht bekommen. Der Prophet Jesaja sagt: »Denn die Herrlichkeit des Herrn soll offenbart werden und alles Fleisch miteinander wird es sehen; denn des Herren Mund hat's geredet.«

Die Herrlichkeit Gottes, sein Glanz, die Fülle Gottes – ich übersetze dieses geheimnisvolle Wort am liebsten mit »die Schönheit Gottes«. Trost, getröstet werden heißt nicht, daß wir etwas, ein Ding, einen Gegenstand von Gott erhalten, sondern daß wir die Schönheit Gottes, Gottes Glanz zu Gesicht bekommen. Wo sehen wir das denn, wo können wir das entdecken?

Nun, die Bibel ist ganz klar an diesem Punkt. Die Schönheit, der Glanz Gottes ist sichtbar in allen, die Gottes Weg bereiten. Die messianische Befreiungsarbeit wartet auf uns. Gott traut uns zu, daß wir den Weg des Messias bereiten. Gott sagt niemandem: Du bist nur eine kleine Hausfrau oder ein einfacher Angestellter und verstehst nichts von den komplizierten Notwendigkeiten. Bereitet den Weg Gottes, tröstet das Volk in seiner Ohnmacht, macht es zu Straßenarbeitern am Weg Gottes. Keiner ist zu klein oder zu groß, keine ist zu jung oder zu alt, zu gebildet oder unwissend. Wir alle sind von Gott beteiligt, Gott tröstet uns und wir bereiten Gottes Weg. Gottes Stimme ruft uns und wir antworten. Gottes Geist will uns mutig und wahrheitsfähig machen. Gott will in uns geboren werden.

Die große Wut im Bauch

Einer besitzt ein Haus und läßt es leer stehen, daneben wohnen sie zu acht Personen in drei winzigen Zimmern. Irgend etwas läuft ganz falsch, und wir wissen ganz genau: Das ist gemein! Das soll nicht sein! Ein Mensch ist nicht dazu da, von anderen verprügelt und gedemütigt, betrogen und ausgenutzt, belogen und verhöhnt zu werden.

Diese Wut im Bauch, hat das etwas mit Gott zu tun? In jedem Menschen steckt ein Bedürfnis nach Gerechtigkeit, ein Gefühl für Gerechtigkeit und ein Wissen davon, was ungerecht und unerträglich ist. Ohne Gerechtigkeit können Menschen nicht leben. Es ist natürlich, wenn wir uns gegen Unrecht empören. Viele Bauern und Arbeiter in der Dritten Welt kämpfen lieber und opfern oft sogar das bißchen, was sie an Besitz haben, für das, was sie als gerecht empfinden.

Wenn wir über Gott sprechen wollen, müssen wir erst mal etwas von der Gerechtigkeit wissen. Erstmal die Wut im Bauch kennenlernen und den Zorn darüber, daß wir zu klein, zu schwach und vor allem zu wenige waren, um das, was da vor unseren Augen und in vielen Formen geschieht, zu verhindern. Daß so etwas möglich ist! Die meisten Kinder kennen diese Wut, aber sie kommt ihnen im Laufe des Lebens oft abhanden, sie stumpfen ab. Erwachsenwerden heißt dann, den Sinn für Gerechtigkeit in sich ausrotten. Wenn ihr genau in euch hineinhört, werdet ihr diesen Sinn entdecken. Dann werdet ihr wissen: So kann es nicht weitergehen! Einmal muß das aufhören! Ihr entdeckt dann in euch selber eine Kraft, die Nein zur Ungerechtigkeit sagt und das Leben beschützen will. Das kann das Leben eurer Großmutter, einer ausländischen Nachbarfamilie oder auch das eines kleinen Tieres sein, das ihr beschützen wollt. Diese Kraft, für das Leben einzutreten, diese Liebe zur Gerechtigkeit, kommt von Gott. Gott kennen, bedeutet, das Gerechte zu tun.

Leicht und lächerlich – Erfahrungen mit der Einsamkeit

Ich möchte von Erfahrungen ausgehen, die ich mit dem Alleinsein gemacht habe, guten und schlimmen Erfahrungen. Ich will lernen, sie zu unterscheiden. Ich versuche mitzuteilen, was bei dem Prozeß der Vereinsamung und des Alleingelassenwerdens geschieht. Vielleicht haben andere Menschen, dabei denke ich vor allem an Frauen, ähnliche Erfahrungen gemacht und suchen Klarheit darüber zu gewinnen, vielleicht wollen sie, wie ich, besser mit der Einsamkeit umgehen lernen.

Meine Erfahrung, allein zu sein, ist eine im weitesten Sinne des Wortes politische Erfahrung. Man kommt ja nicht als Außenseiter oder Querkopf auf die Welt, sondern gerät in Situationen des Abweichens, des Alleinstehens, des Dissens. Meine ersten Erfahrungen von Politisierung gehen in die Zeit der Wiederbewaffnung Westdeutschlands zurück. Es war für mich, in einer Stadt aufgewachsen, die ausgebrannt und zerbombt war, fast nicht zu glauben, daß in diesem Deutschland, das zwei Weltkriege angezettelt und verloren hatte, wieder für die Armee geworben wurde, daß Panzer und U-Boote wieder gebaut werden sollten, daß Atomwaffen gelagert wurden. Das konnte doch nicht wahr sein! Das war doch nicht der Wille der Bevölkerung! Waren die Menschen denn jemals gefragt worden, was sie wollten? Aber mit dieser Wut im Bauch, dieser Empörung gegen eine Volk und Parlament belügende Politik war ich plötzlich sehr allein. Die Erfahrungen des Widerstands gegen die Remilitarisierung waren hart und bitter. »Einsamkeit« ist ein großes Wort, aber mir kommen die vielen kleinen Demonstrationen und Versammlungen in den Sinn, dreißig Menschen, vielleicht fünfzig, langes Stehen und dünnes Singen, Kälte und keine guten Schuhe, ein Klassenzimmer in einer Volksschule, pathetische Reden, Lieder und Gedichte aus den zwanziger Jahren, wo all das schon einmal vor sich gegangen war. Wir waren allein, wir waren elend allein, wir waren schwach. Der Friede hatte keine Lobby. Für die Presse lohnte das immer weniger. Ich erinnere mich an eine Sache bei diesem Treffen, die genau den bitteren Geschmack von damals im Munde wieder hervorruft, daß nämlich bei jeder solchen Demonstration eine Reihe älterer Frauen dabei waren mit faltigen Gesichtern, klaren Augen und unmodernen Mänteln. Diese Frauen wurden Friedenstanten genannt, und dieser Ausdruck ist sehr deutsch und unvorstellbar zynisch, in ihm versammelt sich das heute genauso herrschende politische Klima: die Diskriminierung der Frau und der älteren Mitbürger und eben die Arroganz der Macht. »Was soll's mit den paar Friedenstanten«, sagte mir ein forscher junger Journalist.

Ja, was soll's? Es ist eine der bitteren Erfahrungen, allein mit ganz wenigen, mit den Unansehnlichen, mit den durchaus falschen Leuten zusammenzusein. Nicht mit den Kommilitonen, nicht mit den Leuten aus meinem Viertel, nicht mit meiner Familie, nicht mehr mit den Leuten meiner Klasse. Einsamkeit ist seither für mich verbunden mit einem Merkmal, das ich am schwersten ertrage: Sie ist lächerlich. Sie macht lächerlich. »Was willst du denn da«, sagte mir meine Mutter, »du machst dich doch nur lächerlich.« Sie hatte vollkommen recht.

Vereinsamung isoliert uns von anderen, sie schwächt uns, sie zerstört unsere Möglichkeit des Selbstausdrucks, das Alleinsein nimmt Mut und Kraft weg; aber der Bodensatz von allem ist die Lächerlichkeit, der man sich unweigerlich aussetzt. Die Angst davor, sich lächerlich zu machen, sitzt sehr tief. Abweichend denken und handeln, ein Dissident sein, bedeutet räumliche Isolierung – plötzlich stehen alle auf der anderen Seite; es bedeutet zeitliche Isolierung – du bist ja von vorgestern; es bedeutet geistige Isolierung – du hast ja die Sachzwänge und Gesetzmäßigkeiten gar nicht verstanden; aber das

Schlimmste ist die emotionale Isolierung – du machst dich doch nur lächerlich.

Die biblischen Psalmen wissen sehr viel von unseren Ängsten. Sie betonen, daß der Alleingelassene im Unglück zum Gespött der anderen wird. Die meisten Alltagserfahrungen mit dem Alleinsein haben mit der Angst zu tun, lächerlich zu wirken. Wenn ich als Frau allein in eine Bar gehe, gehört schon ein Stück gefestigten Selbstbewußtseins dazu, das Alleingehen, das Alleinbestellen, das Alleinbezahlen zu ertragen. Erzogen bin ich nicht dazu, im Gegenteil. In meiner Erziehung – und das trifft für die meisten Frauen meiner Generation und Klasse zu – wurde die Angst davor, allein zu stehen, etwas allein zu unternehmen, sich abweichend zu verhalten, tief verankert und mit der Angst davor verbunden, lächerlich zu wirken. Das Selbstvertrauen, die Unabhängigkeit vom Urteil anderer, die Fähigkeit, sich zu unterscheiden, zu widerstehen, allein seinen Weg zu gehen, gehören vielleicht zur Erziehung des Jungen, bestimmt nicht zu der des Mädchens.

Wie hält man das aus? Wie erträgt man die räumliche, die tendenzhafte, die geistige, die moralische Isolation? Ich glaube, dazu braucht man neben der Grunderfahrung der Lächerlichkeit noch andere Erfahrungen mit dem Alleinsein. Man muß die Stärkung und die Selbstgewißheit, die aus Unabhängigkeit, die aus Einsamkeit kommen kann, kennen. Ich will auch dazu ein Beispiel erzählen. Alleinsein-Können gehört zur menschlichen Würde. Vor Jahren habe ich mich in einen kleinen italienischen Ort an der Küste zurückgezogen, um ein Buch zu schreiben. Ich lebte dort für fast sechs Wochen mehr allein als zu irgendeiner Zeit meines Erwachsenseins.

Ich hatte keine Kinder zu versorgen, es war kein Mann da, der mit mir reden wollte. Ich mußte meinen Tagesablauf nach niemandem richten. Es gab kein Telefon und fast keine Post. Da ich die Sprache nicht sprach, gab es auch kaum Verständigung, die über den Einkauf hinausgegangen wäre. Ich las, schrieb und machte weite Spaziergänge. Gelegentlich fastete ich einen Tag lang, hauptsächlich, weil ich das Gefühl am andern Morgen danach liebte, das Gefühl, leicht zu sein und Flügel zu haben. Ich hatte wenig Bücher bei mir und kaufte keine Zeitungen. Ich warf Ballast ab. Ich las die deutschen Mystiker, ich träumte intensiver als zuvor. Die Einsamkeit war eine Befreiung. Ich dachte mir, daß in der neuen Gesellschaft, die wir suchen, jede Frau das Recht haben müßte, solche Erfahrungen mit sich selbst zu machen: frei sein, unabhängig von alltäglicher Routine, leicht werden. Ich hatte das Gefühl, etwas zum ersten Mal geschenkt zu bekommen, das Männer sich öfter und mit größerer Selbstverständlichkeit nehmen. Es gibt einen schönen Aphorismus von Stanislaus Lec: »Freiheit, Gleichheit, Brüderlichkeit – aber wie kommen wir zu den Tätigkeitswörtern?« Ich möchte die Frage auf die Einsamkeit übertragen: Stille, Unabhängigkeit, Einsamkeit – aber wie kommen wir zu den darauf bezüglichen Verben? Ein wenig näher bin ich dem Tun der Einsamkeit gekommen, als ich freiwillig allein war.

So habe ich zweierlei Arten von Einsamkeit kennengelernt: die schlimme, in der man lächerlich wird, und die gute, in der man leicht wird. Lächerlich, isoliert, beschädigt, links liegen gelassen, unverständlich, spinnig – das ist die eine Art Einsamkeit; abgelöst, locker, ungezwungen, in einem neuen Kontakt zur Natur – das ist die andere.

Die Einsamkeit schwimmt auf dem Meer der Bezogenheit. So zum Beispiel bei dem heiligen Franziskus. Seine Bezogenheit auf das Leben um ihn, seine Beziehung zu Tier und Pflanze, zu Gestirn und Element, zu den Armen und zu den Brüdern ist der Grund; aber davon hebt sich ab der wiederholt auftauchende Wunsch, allein zu sein und in die Stille zu gehen. Fasten, beten und meditieren sind dann Tätigkeitswörter zu dem Stichwort Einsamkeit, wie sie in der christlichen Tradition entwickelt worden sind.

Gott braucht auch unser Alleinsein, auch unsere Fähigkeit zu trauern, auch unser Lächerlichwerden. Paulus spricht an einer anderen Stelle davon, daß wir »Narren um Christi willen« seien. Ich habe diese Stelle der Bibel nie ganz verstanden, sie hat die Qualität eines Bildes, das sich nicht simpel in Prosa und Dogmatik übersetzen läßt. Soviel ist mir immerhin klar: Der Clown ist einsam, er ist lächerlich und er ist leicht. Er ist einsam nicht wie Don Juan, der supermännliche Held, sondern wie Franziskus. Der Narr ist lächerlich, und er macht sich lächerlich, er inszeniert den Frieden in der Situation des tödlichen Krieges der Reichen gegen die Armen. Der Narr um Christi willen ist einsam, weil er verbunden ist.

Fürchte dich nicht

Die herrschenden können die schrift an der wand nicht mehr übersehen
die beherrschten kehren sich ab vom kopfnicken
die waffenhändler wagen nicht mehr über die am boden liegenden zu steigen
die bischöfe geben die schlüpfrigen reden auf und sagen nein
die freunde jesu blockieren die Straßen des overkill
die schulkinder erfahren die wahrheit

Woran sollen wir einen engel erkennen
außer daß er mut macht wo angst war
freude wo nicht mal mehr trauer wuchs
einspruch wo sachzwang herrschte
abrüstung wo terror glaubwürdig drohte

Fürchte dich nicht der widerstand wächst

Von der Verzweiflung zur Gerechtigkeit

Wenn ich frage: Wie kommt Gottes Gerechtigkeit über mich?, ziele ich auf eine objektive, aber durchaus das Subjekt betreffende Grunderfahrung, die ich befreiungstheologisch formuliere als Übergang von der Verzweiflung zur Praxis. In der Ungerechtigkeit, unter der Herrschaft der Sünde, sind die Sensibelsten von uns verzweifelt, wie es an der ständig wachsenden Anzahl der psychischen Erkrankungen sichtbar wird. Die Frage lautet darum nicht: Wie werde ich gerecht vor Gott? Sondern: Wie kommt Gottes Gerechtigkeit über mich? Dann ist mit Gnade Gottes das gemeint, was uns zugesprochen wird im Übergang von der Verzweiflung zur Praxis. Es gibt keine Neutralität des Lebens zwischen Verzweiflung oder Sünde auf der einen Seite und Praxis oder Glaube auf der anderen. Es gibt keine Auswege, als bedürften einige der Gnade nicht. Luthers Ausdruck »Gerechtigkeit, die vor Gott gilt« reflektiert dies in bezug auf die Person im Gericht. Aber »Gottes Gerechtigkeit« meint tatsächlich den Übergang, der für den materiellen Leib und die ganze Erde gilt. »Gottes Gerechtigkeit« heißt: Die Erde hört auf, eine Stätte der Lebensverweigerung, der Ausbeutung, der Ungerechtigkeit zu sein. Rechtfertigung und Heiligung gehören zusammen.

Gott ist, daß du den Armen speist

Wenn man das Erbe der Religionen betrachtet, dann gibt es ja sicher viele Wege zu Gott. Sie kennen vielleicht die berühmte Geschichte vom Elefanten, den ein indischer König zehn Blinden vorführen ließ. Und jeder der zehn bekam einen andern Teil des Elefanten zu fassen. Der eine das Elfenbein, der andere den Schwanz, ein dritter das Ohr. Alle wußten natürlich genau, was ein Elefant ist. Sie benannten also den Teil des Elefanten, den sie in der Hand hielten, und stritten sich. Und so ähnlich ist es mit den Religionen. Das ist ein weisheitsvolles Gleichnis über die Religionen. Nun, man kann also verschiedene Formen von Religion und verschiedene religiöse Erfahrungen unterscheiden, und es liegt überhaupt nicht in meinem Interesse, die eine davon abzuwerten. Aber mein Interesse ist allerdings, ganz klar zu sagen, daß die jüdisch-christliche Tradition, in der ich stehe, etwas Besonderes hat. Sie geht nämlich in ihrem Denken nicht von der Natur aus, sondern von der Geschichte. Sklaven werden frei; aus dem Diensthaus in Ägypten holt Gott die geknechteten Menschen heraus und macht sie frei. Das beschreibt, was Gott ist. Das ist das aller-, allererste. Aus der Sklaverei des Todes zieht Gott diesen Jesus heraus und sagt: »Du lebst!« Und wir leben mit ihm. Das sind historische Ereignisse, die in der menschlichen Geschichte spielen. Nicht im Kosmos, nicht in der Tiefe des inneren Lebens, nicht im gestirnten Himmel über mir. Sondern in der realen Geschichte vom Menschen. Das ist unser Erbe. Wir können das ausschlagen, sicher; wir können sagen, das interessiert mich nicht; mich interessiert viel eher, was in der Tiefe meines Selbst los ist. Aber ich meine, solange wir uns auf dieses Erbe berufen, so lange müssen wir an diesem Erbe und der geschichtlichen Verantwortung festhalten. Das ist die eigentliche Größe unserer Tradition. Und der Inhalt dieser Tradition ist die Gerechtigkeit. »Gott ist das All«, »Gott ist der Kosmos«, »Gott ist die Energie«, »Gott ist das Licht« – all das kann ich auch sagen. Aber von der jüdisch-christlichen Tradition ausgehend muß ich als erstes sagen: Gott ist Gerechtigkeit. Gott ist, daß du den Armen speist und der Witwe zu ihrem Recht verhilfst. Das ist die Erkenntnis Gottes.

Träume von der Liebe gegen die Gewalt

Es ist nicht genug, einen individuellen Traum vom besseren Leben zu haben, wir brauchen einen mitgeteilten Traum. Wir brauchen die Erinnerung an die schon gewonnenen Siege, nur so – gegen die totale Geschichtsvergessenheit, die den späten Kapitalismus begleitet – leben wir aus den Wurzeln in der Geschichte. Die Opfer früherer Zeiten sind mit uns, und ihre ungehörten Schreie warten immer noch auf Antwort. Niemand ist vergessen, und keine Träne ist umsonst geweint. Das christliche Verständnis von Geschichte kennt ein Ziel, eine Vision, die sicher nicht einfach identisch ist mit der sozialistischen Vision einer klassenlosen Gesellschaft, die aber unter keinen Umständen weniger bedeuten kann als eine herrschaftsfreie Gesellschaft. Ohne diese geteilte Vision wäre es unmöglich, das Kreuz aufzunehmen, es ist diese Vision, die unsere Stärke ist. Ich spreche hier für alle diejenigen, die jetzt in diesem Augenblick gefoltert werden oder im Gefängnis auf das nächste Verhör warten, die wachsende Anzahl von Priestern und Nonnen, von Christen und solchen, die längst keine Heimat mehr in den Kirchen finden, die dem Ruf Jesu gefolgt sind, den Balken auf sich genommen haben, an dem man sie kreuzigen wird. Wenn es irgendwo Hoffnung für die Kirchen gibt, dann ist sie in diesen Menschen verkörpert. Ich spreche, weil ich es wichtig finde, daß wir jetzt an sie denken, weil ich glaube, daß unser Andenken, das wir auch Beten nennen können, ihnen hilft und sie trägt auch in die Finsternisse hinein, über die wir nur schweigen können.

Dieses Wissen, dieses Andenken hilft aber auch uns in unseren vielleicht weniger dramatischen Kämpfen. Die kleine Gruppe, die Basisgemeinde, die Zelle, die ein Stück weit den Weg Jesu mitgeht, braucht das Wissen, nicht allein zu sein. Jesus sagt: »Ich und der Vater sind eins« (Johannes 10,30). Wir sollten aufhören, diese Worte in einem exklusiven christologischen Sinn zu hören. Sie sprechen über die tiefe Stärke, die uns im Kampf zufällt, die Erfahrung des Ganzseins und die Wiedervereinigung mit der Menschheit und ihren realen Hoffnungen. Wir waren abgeschnitten, wir lebten hinter der Mauer der Apartheid, die aus Wohlstand und Verblendung gebaut ist, aber nun können wir sehen. Wir waren getrennt von unseren Brüdern und Schwestern, die hungern und dürsten nach Gerechtigkeit, aber nun sind wir wiedervereinigt, indem wir für sie und an ihrer Seite kämpfen. Wir waren individualisiert, in den ästhetischen Feinheiten der bürgerlichen Musik und Poesie versunken, aber nun sind wir frei, die Stärkung, die aus der Schönheit kommt, mit anderen zu teilen. Was nicht geteilt werden kann, ist nicht wert, besessen zu werden. So wird der Reichtum unserer Kultur neu aktualisiert. So transzendieren wir die Grenzen unserer individuellen Stärke, die so schnell aufgebraucht ist, und die Grenzen unserer kurzen Lebenszeit. Wir brauchen mehr Hoffnung, als wir aktuell haben, und weiß Gott mehr Liebe als die, die wir gegenwärtig nehmen und geben. Es ist uns keine andere Transzendenz versprochen als die, die sich im Kreuz ereignet.

Ich möchte mit einem amerikanischen Gesangbuchlied schließen, einem Zeugnis der Frömmigkeit aus dem Anfang des 18. Jahrhunderts, das in sehr einfachen Worten eine christliche Grunderfahrung nennt. Wie individualistisch die auch immer gemeint war, als Christen haben wir die Freiheit und das Recht, als Co-Autoren der Tradition aufzutreten und den alten Text uns anzueignen:

At the cross, at the cross
where I first saw the light
and the burden of my heart rolled away
it was there by faith
I received my light
and now I am happy all the day.

Es ist am Kreuz, wo wir das Licht zuerst sehen, nicht wenn wir geboren werden oder wenn wir das Meer oder die Sterne zum ersten Mal anschauen. Es ist am Kreuz, in der Mitte des Kampfes, wo wir das Licht erfahren und frei von unseren Ängsten werden. Die Last der Sünde, unsere Machtlosigkeit in der Entfremdung rollt von unserem Herzen; dort am Kreuz, wo Liebe gegen Gewalt kämpft, empfangen wir die Perspektive für unser Leben. Wir lernen uns als Kämpfende und als Leidende anzunehmen, das Licht ist bei uns.

Das Geheimnis des Glaubens verstehen

Christus kann nur in mir leben, wenn er auch an mir sterben kann. Wir haben die Macht, ihn stumm zu machen, ihn kaputtzukriegen, ihn zu einem kirchlichen Geschwätz zu machen, ihn einzumauern in dogmatische Richtigkeiten. Aber vor allem: Jeder von uns ist in der Lage, ihn weiter und weiter zu kreuzigen. Es ist ja tatsächlich *mein* Profit, an dem die Leute in der Dritten Welt verhungern. Es ist ja tatsächlich die Angst, die ich, der etwas leistet, einjage, an der die Wehrlosen krank werden. Es ist ja tatsächlich meine Resignation den Behörden gegenüber, die die Kinder in Verwahranstalten treibt, die den Namen Schule nicht mehr verdienen. Ich bin's, meine Freunde, meine Familie, meine Klasse, mein Volk, die durch Unterlassen, Dulden, Dazu-Schweigen, aber Daran-Profitieren, durch Mitmachen und Gehorchen den gegenwärtigen Zustand mitbauen, aufrechterhalten und rechtfertigen. Der gegenwärtige Zustand ist aber, in der Sprache des Glaubens geredet, der, in dem Christus an vielen Orten und in verschiedenen Gestalten ans Kreuz geschlagen wird, durch uns, die wir das Holz und die Nägel produzieren, um die Kleider würfeln und all das tun, wovon die Geschichte erzählt. »Nun, was du, Herr, erduldet, ist alles meine Last, ich hab es selbst verschuldet, was du getragen hast.« Das stimmt, so ist es. Wir können die Tradition, die sich angesichts des leidenden Christus zur Buße rufen ließ, im Ernst übernehmen, wir brauchen uns nicht zu verrenken, um Paul Gerhardt neu zu singen, weil wir den leidenden Christus theologisch-politisch vermitteln, nämlich ihn in unserer Mitte, in unserer Gesellschaft erkennen. Ich bin's, ich sollte büßen . . .

Man kann das Geheimnis des Glaubens nicht verstehen, wenn man nichts von den Schmerzen der Welt weiß, und solange man sie nicht als die eigenen übernimmt, hat man keinen Anteil an dem Lamm, das die Summe der gesellschaftlich verursachten Leiden, die in der biblischen Sprache »Sünde« genannt werden, trägt.

Das Lamm Gottes trägt die Sünde der Welt ja nicht, damit wir sie übersehen könnten oder aufhören könnten, an ihr zu leiden, sondern es will uns in den gleichen Prozeß des Tragens, des Für-andere-Daseins hineinziehen. Wie tragen wir aber diese Last? Indem wir die eigene Schuld am gegenwärtigen Zustand erkennen und indem wir uns nicht mehr als Opfer dieser Welt fühlen, sondern als ihre Verantwortlichen. Es ist unerwachsen, wenn Christen sich sehr leicht als Opfer der argen Welt empfinden, aber vor allem weigern sie sich, mit Hilfe ihre Hilflosigkeit umzukehren. Vor lauter Opfergefühl vergessen sie, daß nun aber nicht ich, sondern Christus in mir lebt. Christus ist für mich der, der die Erniedrigung anderer als die ihm angetane erfährt, dem der Schmerz, den andere erleiden, selber weh tut. Wenn ich zu der gleichen Sensibilität komme, die an den Grenzen des privaten Ich nicht mehr haltmacht, dann »lebt Christus in mir«, wie die alte Sprache sagt: Die Verzweiflung anderer ist meine Verzweiflung geworden, der Reichtum anderer ist meine Freude, meine Kraft. Das vorsichtig abgegrenzte und sich durch Grenzen sichernde und darin bornierte Ich ist vergangen, es ist alles neu geworden. Buße, Umkehr, Trauerarbeit, der große Sprung nach vorn – sie werden konkrete Gestalten finden. Wir werden aus der unglücklichen und fruchtlosen Polarität von Strafe, Gesetz, Herrschaft – und Reue, Innerlichkeit, Einsamkeit der Seele vor Gott herauskommen und konkrete Bußvorschläge entwickeln. Wir lernen dabei, Befreiung oder Erlösung nicht mehr in der bildlichen Weise der Väter zu verstehen, die es sich als ein mit einem Schlag geschehendes Versetztwerden in einen anderen Zustand vorstellen. In der Sprache unserer Zeit ist Befreiung ein andauernder Prozeß, von Glauben zu Glauben, wie Paulus das ausdrückt, in dem wir immer mehr Freiheit gewinnen und im Verlauf dessen auch die Gefängnisse, die wir heute nicht erkennen, weil wir sie für passabel oder gar wohnlich halten, von uns verlassen werden.

Der Punkt, den wir dabei erreichen, der Drehpunkt, an dem nicht mehr das gefesselte und verfangene Ich lebt, sondern Christus in mir, überholt die falsch gestellte Frage, ob wir erst uns selber und dann auch die Welt, in der wir leben, verändern sollen oder umgekehrt erst die Verhältnisse und dann uns selber. In der Umkehr fällt dies zusammen, weil alle hier zu Subjekten der Geschichte werden. Es gibt keine Veränderung des Herzens, die nicht sinnlich sichtbar würde, und der kleinste Punkt, den wir an unserer Institution, unserem Betrieb ändern, kehrt auch uns um. Die Selbstbestimmung, die wir in unserem Umkreis realisieren, geht auch in uns selber vor. Der Glaube, der sich die Welt immer mehr aneignet, indem er sie verantwortet, bedeutet wachsende Freiheit.

Kreuzigen

kreuzigen
hinrichten – beseitigen – ausdemwegräumen –
indieeinzelzelleverlegen – elektrischeslichtbrennen-
lassen – lebenslänglichgeben – sonderbehandlung-
anordnen
kreuzigen
umdieeckebringen – vernichten – liquidieren –
ausmerzen – säubern – exmatrikulieren – bereinigen –

begradigen – sanieren – kündigen – mitkündigungdrohen – jemandenfertigmachen
kreuzigen
nichtszuwohnengeben – nichtslernenlassen – ineineanstalteinweisen – auseinemkurortausweisen – inseinemästhetischenempfindenverletztsein – dasnichtmitansehen können – unseregegendnichtverschandelnwollen – vergasen
kreuzigen
ineindeutschesfürsorgeheimschicken – kriminalisieren – jemandenabhängigmachen – jemandensüchtigmachen – neurotisieren – einenkopfkürzermachen – kopflosmachen – verdummen – denbodenunterdenfüßenwegziehen – verängstigen – brutalisieren
kreuzigen
vergessen – verschweigen – esdochnichtaufbauschenwollen – verdrängen – esnichtgewußthaben – esfüreineneinzelfallhalten – esfürunabänderlicherklären – eszulassen
kreuzigen
kaltmachen – zumverstummenbringen – einenknebelindenmundstopfen – jemandemkeinesprachebeibringen – taubmachen – dieohrenverstopfen – vertrösten – blindmachen – dieaugenausstechen – jemandenzumkonsumentenerziehen – blenden – ersticken
kreuzigen
dieendlösungvorbereiten – aufdiewerteunserergesellschaftausrichten – anpassen – hinrichten – aufdenernstfallrüsten – jedemeinechancegeben – ersticken – blenden – kaputtkriegen – leidenmachen – leidenlassen

Weil Gott sich eingemischt hat, können wir uns einmischen

Wer sich einmischt, versucht, die Umwelt zu verändern, und dabei macht er die Erfahrung, daß er oder sie sich selber verändert, aber nur durch solche Einmischung ist Veränderung möglich. Denn jede andere Form von Lernen ist eigentlich nur so viel wert, wie wenn man Kaffee in eine Tasse schüttet. Das macht die Tasse im Augenblick zwar voll, aber sie bleibt trotzdem dieselbe Tasse. Wenn Lernen nicht mehr ist als das, dann haben wir uns nicht verändert, und dann können wir auch nichts verändern. Solange ich in der Schule, am Arbeitsplatz, in der Kirche, in der Politik als eine Tasse behandelt werde, solange ich das zulasse, kann ich mich nicht verändern, weil ich mich nicht eingemischt habe. Auch Gott kann durch Gebote oder Versprechen nichts ändern. Heilen, Heilmachen, Neuwerden geschieht nicht durch Infusion, sondern durch Einmischen. Der christliche Fachausdruck für diese Einmischung, Gottes Einmischung in die Welt, heißt Inkarnation – das Wort wurde Fleisch, Gott mischte sich ein, in Jesus Christus, in die Ökonomie, in die Politik, in die Art, wie wir die Geisteskranken behandeln und in die Rüstung. Gott wollte etwas verändern, das hatte er und das hat er nötig. Lieben bedeutet nicht, jemandem etwas schenken, etwas Kostbares, wozu der andere keinen Zugang hat, das wäre immer noch ein ganz einseitiges Verhältnis, wobei der eine Mensch der Schenker ist, der andere Mensch die Tasse, in die etwas hineingetan wird. Lieben bedeutet, mit den Fähigkeiten des anderen etwas zu produzieren. Gott behandelt uns nicht wie leere Tassen, auch wenn die Theologen manchmal so daherreden. »Die Friedensstifter werden Gottes Kinder heißen.« Normalerweise wird man Sohn oder Tochter nicht durch Handeln, sondern durch Geborenwerden. Wir haben deswegen auch normalerweise keinen Einfluß, wessen Kind wir werden, aber in diesem Fall, in der Sache Gottes, ist das anders. Diejenigen, die Frieden machen, werden Kinder Gottes. Wir haben einen Einfluß darauf, wir sind mit im Spiel: Wir, als die, die sich einmischen könnten, handeln mit. Die, die wie Gott handeln, das heißt Frieden herstellen, werden seine Kinder genannt. So verstehe ich diese Seligpreisung. Gott fing an, mit uns zusammen etwas herzustellen, etwas Neues, das wir Frieden, Freiheit, Gerechtigkeit nennen. Er fing dieses Reich Gottes an; ohne unsere Kooperation kommt er da nicht weiter. Weil er sich aber eingemischt hat, darum können wir uns auch einmischen und weiter daran arbeiten.

Es steht geschrieben, daß maria sagte

Es steht geschrieben daß maria sagte
meine seele erhebt den herren
und mein geist freut sich gottes meines heilands
denn er hat die niedrigkeit seiner magd angesehen
siehe von nun an werden mich seligpreisen alle
kindeskinder

Heute sagen wir das so
meine seele sieht das land der freiheit
und mein geist wird aus der verängstigung heraus-
kommen
die leeren gesichter der frauen werden mit leben erfüllt
und wir werden menschen werden
von generationen vor uns den geopferten erwartet

Es steht geschrieben daß maria sagte
denn er hat große dinge an mir getan der da mächtig ist
und dessen namen heilig ist
und seine barmherzigkeit währt von geschlecht zu
geschlecht

Heute sagen wir das so
die große veränderung die an uns und durch uns geschieht
wird mit allen geschehen – oder sie bleibt aus
barmherzigkeit wird geübt werden wenn die
abhängigen
das vertane leben aufgeben können
und lernen selber zu leben

Es steht geschrieben daß maria sagte
er übt macht mit seinem arm und zerstreut die
hochmütigen
er stößt die gewaltigen von ihren thronen
und die getretenen richtet er auf

Heute sagen wir das so
wir werden unsere besitzer enteignen und über die
die das weibliche wesen kennen werden wir zu lachen
kriegen
die herrschaft der männchen über die weibchen wird
ein ende nehmen
aus objekten werden subjekte werden
sie gewinnen ihr eigenes besseres recht

Es steht geschrieben daß maria sagte
hungrige hat er mit gütern gefüllt
und die reichen leer hinweggeschickt
er denkt der barmherzigkeit und hat sich
israels seines knechts angenommen

Heute sagen wir das so
frauen werden zum mond fahren und in den
parlamenten entscheiden
ihre wünsche nach selbstbestimmung werden in
erfüllung gehen
und die sucht nach herrschaft wird leer bleiben
ihre ängste werden gegenstandslos werden
und die ausbeutung ein ende haben

3

»Die Kraft, die uns nach Gott rufen läßt«

Schmerz und Auferstehung

Auferstehung ist das Symbol einer Macht, die das Leben verändert, die Untertänigkeit dem Tod gegenüber und die Kooperation mit ihm zerbrechen. Zur Auferstehung des einen gehören immer Zeugen dazu, es geht nicht um die Heimholung Jesu zu seinem Vater, sondern um die Befreiung des Lebens aller Menschen aus Angst und Unterwerfung unter die Mächte des Todes. Nicht die Tränenlosen werden gefragt »Warum weinst du?«

Johannes 20 vers 13

Manche von uns sind so verzweifelt
daß sie nichts sagen können
daß sie nicht klagen können
sie bleiben stumm
ihr leben lang
　gott bitte hör ihre klage
　wenn sie vor dem geleerten glas sitzen
　sieh ihren schrei in den fahrigen gesten
　gott hör du was sie nicht sagen

Manche von uns sind so verzweifelt
daß sie nicht weinen können
sie habens verlernt
sie bleiben trockenen auges
ihr leben lang
　gott bitte sieh ihre traurigkeit
　vergib ihnen ihre versteinerung
　und sammle die ungeweinten tränen

Manche von uns sind so verzweifelt
daß sie noch nie einen engel gesehen haben
sie leben ohne daß jemand sie fragt
frau warum weinst du
sie glauben dir eine geschichte nur halb
und bleiben allein beim weinen
　gott bitte schick einen engel
　zu fragen warum weinst du
　schicke eine von uns zu fragen warum
　damit wir alle nicht allein bleiben

vor den gräbern
wo unsere hoffnungen verscharrt liegen
und lehr uns klagen
und lehr uns weinen
und zeig uns die engel
die schon am grab auf uns warten

Aufstand des Lebens gegen den Tod

Immer noch werden Menschen gefoltert und geschunden um der Gerechtigkeit willen. Immer noch gehen Menschen ein an der Gleichgültigkeit derer, die keinen Aufstand wollen und keine Auferstehung brauchen. Und immer wieder, trotz der verratenen Revolution und des weiß Gott verratenen Christus, geschieht das, was wir alle am meisten brauchen, der Aufstand des Lebens gegen die vielen Arten Tod, die Auferstehung.

Den Schrei der Leidenden lauter machen

Das menschliche Leiden, konkret wahrgenommen, zerstört alle Unschuld, alle Neutralität, alles »ich war es nicht, ich konnte nichts dafür, ich habe es nicht gewußt«. Es gibt angesichts des Leidens keinen dritten Ort, jenseits der Opfer und der Henker. Darum ist jede Deutung des Leidens, die von den Opfern wegschaut und sich identifiziert mit einer Gerechtigkeit, die hinter dem Leiden stehen soll, schon ein Schritt auf den theologischen Sadismus zu, der Gott als den Quäler begreifen will.

Daß Menschen leiden und untröstlich sein können – davon ist auszugehen. Wir sollten uns den Traum von einem Menschen, der keinen Trost braucht, verbieten. Wir sollten auch aufhören, das Leiden in die bloße Vorgeschichte der Menschen einzuordnen, weil diese Einordnung einen Akt der Selbstverachtung darstellt. Weinen hat seine Zeit und Lachen hat seine Zeit, Trost brauchen und trösten ist menschlich, so menschlich, wie Christus war.

Wir können die sozialen Bedingungen, unter denen Menschen vom Leiden getroffen werden, verändern. Wir können uns selber ändern und im Leiden lernen, statt böser zu werden. Wir können das Leiden, das heute noch für den Profit weniger gemacht wird, schrittweise zurückdrängen und aufheben. Aber auf all diesen Wegen stoßen wir an Grenzen, die sich nicht überschreiten lassen. Nicht nur der Tod ist eine solche Grenze, es gibt auch Verdummung und Desensibilisierung, Verstümmelung und Verwundung, die nicht mehr rückgängig gemacht werden können. Die einzige Form des Überschreitens dieser Grenzen besteht darin, den Schmerz der Leidenden mit ihnen zu teilen, sie nicht allein zu lassen und ihren Schrei lauter zu machen.

Am Brot allein sterben wir

Der Mensch lebt nicht vom Brot allein, er stirbt sogar am Brot allein, einen allgegenwärtigen, schrecklichen Tod, den Tod am Brot allein, den Tod der Verstümmelung, den Tod des Erstickens, den Tod aller Beziehungen. Den Tod, bei dem wir noch eine Weile weitervegetieren können, weil die Maschine noch läuft, den furchtbaren Tod der Beziehungslosigkeit: Wir atmen noch, konsumieren weiter, wir scheiden aus, wir erledigen, wir produzieren, wir reden noch vor uns hin und leben doch nicht.

Am Brot allein sterben wir, weil wir fürs Brot allein leben. Dieser Tod ist nicht natürlich, sondern gewaltsam, er tut den Lebenden Gewalt an. Ein angeordneter Tod, befohlen von der strukturellen Gewalt, unter der wir leben, und willig übernommen von unserer eigenen Sucht, lieber tot zu sein und zu töten als uns den Gefahren des Lebendigseins auszusetzen.

An Gott glauben bedeutet, auf die Seite des Lebens übergehen und aufhören, ein Komplice des Todes zu sein, den Mordwunsch lassen und die ihm so ähnliche Gleichgültigkeit, die Angst davor, zu sterben, und die Angst davor, zu kurz zu kommen, zwei Ängste, die sich zum Verwechseln ähnlich sehen. Auf die Seite des Lebens übergehen bedeutet, sich nicht neutral halten zwischen den Mördern und den Opfern und aufhören, die Welt als einen Supermarkt anzusehen, wo man dieses und jenes und alles kaufen kann, wenn nur die Kasse stimmt und die Ordnung erhalten bleibt.

Auf die Seite des Lebens überzugehen ist nichts Selbstverständliches oder gar Leichtes, es ist der immer wieder zu vollziehende Akt, in dem wir uns selber als Tote und vom Tod Faszinierte verlassen und frei werden, das Leben zu lieben. Dieser Akt und die Erfahrung, daß es möglich ist, sich selber zu transzendieren, hat viele Namen und Gesichter; mit einem Wort aus der bisherigen Geschichte der Menschheit kann man in diesem Zusammenhang von »Religion« sprechen und darunter den radikalen Versuch verstehen, auf die Seite des Lebens überzutreten.

Ich spreche von einem Standort innerhalb einer bestimmten religiösen Tradition aus, der christlichen. Wenn ich mich nach Hilfe gegen den allgegenwärtigen Tod am Brot allein umsehe, so legt es sich für mich nahe, mich auf Christus zu beziehen und von ihm zu lernen, wie der Tod zu bekämpfen und zu überwinden ist. Aber diese Beziehung enthält keine Ausschließlichkeit, ich kenne genug jüdische, humanistische, sozialistische Menschen und Gruppen, die mit Hilfe anderer Schutzbilder oder Heiliger denselben Kampf kämpfen und ähnliche Erfahrungen machen. Es ist mir nicht wesentlich, sie zu subsumieren, und sei es unter eine Menschheitsreligion, wohl aber müssen Erfahrungen der Religionen mitteilbar bleiben.

Der Sinn einer Berufung auf Religion kann nicht Abgrenzung, sondern nur Kommunikation sein. Indem ich zu sagen versuche, was Christus für mich, der vom Ersticken bedroht ist, bedeutet, versuche ich, über die Schritte, die uns gemeinsam aus dem herrschenden Totsein herausführen können, zu sprechen. Die Erinnerung an Jesus bezieht ihre Kraft nicht aus One-way-Parolen, sondern aus den Inhalten von Glück und Frieden, von Liebe und Gerechtigkeit, nicht als bloße Forderungen oder Ansprüche, die man an die Menschheit stellt, sondern als Lebensvollzüge für jeden, die bestimmte Konsequenzen mit sich bringen. Daß Liebenlernen auch und wesentlich Sterbenlernen bedeutet, ist ein solcher Inhalt, der sich innerhalb der Jesustradition sagen läßt und der ein Identifikationsangebot enthält.

Jesus hat sich radikal auf die Seite des Lebens gestellt und den Tod bekämpft, wo er ihn antraf: den Tod der Aussätzigen, mit denen niemand sprach und die niemand berührte, den sozialen Tod der Zöllner, die wie die Gastarbeiter bei uns nichts galten, und den physischen Tod derer, die noch nicht gelebt hatten. Dabei ist aber eine Beobachtung zu machen, ohne die man Jesu Verhältnis zum Tode nicht verstehen kann: Diejenigen nämlich, die wie Jesus und seine Freunde den gewaltsamen Tod, der von Menschen für Menschen gemacht wird, den sozialen Tod und den physischen Tod, bekämpften, haben für sich selber das Sterben nicht als das Schlimmste angesehen, was einem passieren kann. Sie haben das vom Tod beherrschte Leben mehr gefürchtet als den Tod. Sie fanden es schlimmer, von dem von Menschen für Menschen gemachten Tod in Unterdrückung und Erstickung allen Lebens beherrscht zu sein, als zu sterben. Ihr größter Feind war nicht der natürliche Tod, sondern der gewaltsame, der schleichende Tod, das Ohne-Leben-Sein, wie wir es in den Gesichtern so vieler Menschen in dieser Gesellschaft täglich sehen. Diesem Sterben und dieser Art Tod – am Brot allein und fürs Brot allein – gebührt der äußerste Widerstand, der leidenschaftliche Kampf.

Aus unseren tiefsten Erfahrungen – Theologie

Authentische Theologie ist gegründet in den Erfahrungen der Menschen. Das heißt andersherum: Theologie, die unsere tiefsten Erfahrungen verleugnet oder verschweigt, ist nicht echt, sie ist dann nur ein unverbundenes Stück der Tradition, eine Art Papierchristus, der, weil er nicht mit unseren Erfahrungen verbunden ist, auch ohne Kraft ist, uns mit unseren Gefühlen in Berührung zu bringen!

Jakobs Ringen mit dem Unbekannten

Und Jakob stand auf in der Nacht und nahm seine beiden Frauen und die beiden Mägde und seine elf Söhne und zog an die Furt des Jabbok, nahm sie und führte sie über das Wasser, so daß hinüberkam, was er hatte, und blieb allein zurück.

Da rang ein Mann mit ihm, bis die Morgenröte anbrach. Und als er sah, daß er ihn nicht übermochte, schlug er ihn auf das Gelenk seiner Hüfte, und das Gelenk der Hüfte Jakobs wurde über dem Ringen mit ihm verrenkt.

Und er sprach: »Laß mich gehen, denn die Morgenröte bricht an«. Aber Jakob antwortete: »Ich lasse dich nicht, du segnest mich denn«.

Dann fragte jener ihn und sprach: »Wie ist dein Name?«
Er antwortete: »Jakob.«
Er sagte: »Du sollst nicht mehr Jakob heißen, sondern Israel. Denn du hast mit Gott und Mensch gekämpft und hast gesiegt.«

Und Jakob fragte ihn und sprach: »Gib mir deinen Namen kund!«
Er aber sprach: »Warum fragst du nach meinem Namen?« Und er segnete ihn daselbst.

Und Jakob nannte die Stätte Pniel.
Denn er sagte: »Ich habe Gott von Angesicht zu Angesicht gesehen und bin doch am Leben geblieben.«

Und es ging ihm die Sonne auf, als er Pniel passierte. Er aber hinkte an der Hüfte.

Genesis 32, 23–32

Wer ist der Gott Jakobs? Wer überfällt und wer segnet? Ich habe mir die Wörter aufgeschrieben, die in den Kommentaren vorkommen über den, der da die Nacht über mit Jakob ringt: der Fremde, der nächtliche Besucher, der lichtscheue Dämon, das Gespenst, der Geist, der raubt und mordet, der Angreifer, der Feind. In den rabbinischen Kommentaren erscheinen die Wörter: ein Hirte, ein Zauberer, ein Weiser oder ein Bandit. Die meisten Ausleger haben sich allerdings auf den Engel geeinigt, und unter dem Titel »Jakobs Kampf mit dem Engel« ist unsere Erzählung in die bildende Kunst eingegangen, zu Rembrandt und zu Chagall und Herbert Falken, in die Literatur. Jakobs Kampf ist der Kampf mit dem Engel und hält darin eine mittlere Ebene zwischen dem Dämon und Gott, in der die Züge beider aufgenommen sind. Also noch einmal: Wer überfällt Jakob, wer segnet ihn?

Jeder von uns kämpft mit Gott
laß uns dazu stehen
auch wenn wir geschlagen werden
und verrenkt
Jede von uns kämpft um Gott
der darauf wartet
gebraucht zu werden
Auf uns wartet ein Kampf

Beim Überfallenwerden denke ich an meine Freundin Lore, die in Düsseldorf lebt. Vielleicht ist die Rheinbrücke dort eine Furt über den Jabbok. Meine Freundin, ein überdurchschnittlich begabter Mensch, mit einer hellen, klaren, zupackenden Rationalität, war jahrelang Leiterin eines Studienseminars. Im Sommer vorigen Jahres hat sie etwas erleben müssen, das ich mit den Worten unserer Geschichte so nennen möchte: Da rang jemand mit ihr und überfiel die wehrlose Seele.

Lore ist seit Monaten in der geschlossenen Abteilung eines Psychiatrischen Krankenhauses. Sie hat viele Nächte hindurch geschrien. Sie hat den Putzfrauen ihre Wagen mit Putzmitteln umgeworfen, sie hat ihre Brille – also das Instrument, mit dem sie lesend die Welt wahrnimmt – zertrampelt. Sie hat mich angefleht »Hol mich hier raus«. Lore hat viele und verläßliche Freunde. Sie bezieht eine gute Pension – aber sie ist so allein wie Jakob, nachdem er Familie und Besitz, unsere Barrikaden gegen das Unglück, vorausgeschickt hat. Sie ist überfallen worden, als hätte der nächtliche Angreifer sich meine Freundin ausgesucht, um ihr seine Macht zu zeigen. Übrigens brach ihre Krankheit erneut aus, als ihr in den USA ihre Handtasche mit lebenswichtigen Antidepressiva gestohlen wurde.

Überfall, Angriff, Bedrohung und die namenlosen Ängste der psychisch Kranken – wann wird der Quäler von ihr ablassen? Wann bricht der Tag an? Und wird sie den Kampf, der sie zerstört, als Segen erfahren? Ist es denkbar, daß sie dem hereinstürzenden Unglück so standhält, ihm so viel Liebe zum Leben entgegensetzt, daß es sich verwandelt? »Denen, die Gott lieben«, sagt Paulus im Römerbrief, »müssen alle Dinge zum Besten dienen« (Römer 8,28). Wirklich alles? Auch die Krankheit der Seele, des Geistes? Auch die Vernichtung?

Jakob muß so etwas geglaubt haben. Anders ist seine Stärke nicht zu erklären, sein Ringen und vor allem nicht die archaische Bedingung, die er dem Überfalltäter stellt. »Ich laß dich nicht los, es sei denn du gäbest mir Anteil an deiner Macht.«

Einer der schönsten Züge der Geschichte liegt für mich darin, daß Jakob, nachdem er die ganze Nacht gekämpft hat, am Ende nicht froh ist, den unheimlichen Gast loszuwerden. Er läßt ihn nicht aufatmend ziehen. *Survivre n'est pas vivre.* Überleben reicht nicht aus. Jakob will mehr, will trotz und mit verrenkter Hüfte mehr als gerade noch davongekommen sein. Er will Gott anders haben, als Gott jetzt ist. Der Dämon, der Menschenersticker, der Heimzahler-Gott, muß noch anders sein. Was soll mit Gott »ringen« eigentlich anders heißen, als Gott so zu bedrängen, daß er Gott wird und nicht nur seine dunkle Seite auslebt?! Mit einem Wort gesagt:

Jakob liebt Gott! Er will etwas von ihm. Er läßt ihn nicht, wie er ist. Er läßt nicht los. Er gibt sich nicht mit der Ermäßigung Gottes zufrieden. Er sagt nicht: So ist es eben mit eurem Gott, den kannst du vergessen.

Jede von uns wird gesegnet
Laß uns daran glauben
auch wenn wir aufgeben wollen
Gib uns die Dreistigkeit mehr zu verlangen
Mach uns hungrig nach dir
lehr uns beten: ich laß dich nicht
das kann doch nicht alles sein
Auf uns wartet ein Segen

Wir fragen manchmal nach dem Sinn des Gebets. Mit Gott ringen, damit Gott Gott sei, ist eine Antwort auf diese Frage.

Beten und Kämpfen gehören zusammen. Wer ist der Gott Jakobs und unser Gott? Wer überfällt Jakob, und wer segnet ihn? Wer kommt als Schicksal daher, als Dürrekatastrophe, als Sachzwang, als der Fremde, der Unbekannte, der uns heimsucht? Die Antwort liegt nicht in der Theologie, sondern in dem Ringen, das wir Gebet nennen mögen oder Kampf, es kommt auf das gleiche hinaus. Gott überfällt uns ja nicht weniger, als er den Jakob überfällt. Im Gebet stellen wir uns dem, der uns überfällt. Wir sind nackt, wir haben das, was uns schützen könnte, weggeschickt. Laßt Euch von Gott überfallen, denkt doch nicht, der Jabbok liegt weit weg. Es spricht alles dafür, mit Gott für Gott zu kämpfen, daß Gott sichtbar werde, daß Gottes Sonne auch uns aufgehe und wir einen neuen Namen bekommen.

Durchwachte nacht

Durchwachte nacht die sterne nah wie nie
die milchstraße nebenan
trauer fällt über mich her und schlägt zu

Eine sternschnuppe fällt aus nichts
ins nichts
geschlagen kann ich nicht wünschen

Sie rücken ab die nahen sterne
verschwinden zu spät bete ich
um tränen

Zwei traurigkeiten soll es geben
eine der welt und sie führt zum tod
eine gottes und sie soll zum leben führen

Ich weiß sie nicht
zu unterscheiden

Christus hat keine anderen Hände als unsere

Was für eine Theologie ist nach Auschwitz möglich? Das ist eine Frage, die mich nicht losgelassen hat. Eine zentrale Kategorie in diesem Zusammenhang – und vielleicht wird sie *nur* in diesem Zusammenhang voll verständlich – ist die der Abhängigkeit Gottes von uns. Christus hat keine anderen Hände als unsere, er ist auf uns angewiesen. Wenn keine Christen mehr da sind, ist Christus tot. Auch Gott kann nicht un-abhängig, unrelational gedacht werden. Auch Gott ist angewiesen auf uns.

Der Ausdruck »Tod Gottes« ist keine Spielerei im Sinn von »Dein Gott ist tot? Nimm meinen!« Es ist eine existentielle Frage, wie man in der Geschichte unseres Jahrhunderts von Gott reden kann – und wenn die Existenzphilosophie uns wenigstens soweit geholfen hat, daß der Supermachttraum ausgeträumt ist und die Degradierung der Gläubigen zu Brieföffnern, dann hat sie sehr viel getan, dann können wir sie nicht ohne Schaden vergessen. Wenn mich täglich etwas neu zu Christus zieht und nach Gott Ausschau halten läßt, dann sind es die Erfahrungen des Schmerzes. Daran hat sich nichts geändert, und dieses Jahrhundert, das man vielleicht einmal das der Folterer nennen wird, hat viele von uns um der Schmerzen willen zu Christen gemacht. Zu Nachfolgern des Armen aus Nazareth, der immer noch Gott für uns spielt.

Was können wir denn von Gott sagen – »danach«? Daß er mit den Leidenden ist, nicht mit den Henkern und nicht mit den Zuschauern. Daß er vergast wurde. Daß ihm niemand helfen konnte, weil wir ihm nicht halfen. Daß wir von seinem Leiden sprechen sollen und nicht von seiner Potenz. Daß er bei den Opfern von Gewalt ist und nicht bei denen, die Gewalt üben. In der Vorstellung von Gott als dem, der die Geschichte lenkt, steckt ein Stück Fatalismus oder Schicksalsglauben. Es war eben Gottes Wille, sagen wir; hätte er es nicht gewollt, wäre es nicht geschehen. Aber das ist eine kindische, herrschaftsgläubige Theologie. Auschwitz war nicht der Wille Gottes und auch nicht das, was er zuließ. Es geschah nicht in seinem Namen, sondern im Namen des deutschen Volkes. Ich vermute, daß Fatalismus, auch wenn er fromm daherkommt, Solidarität ausschließt.

Der Gott der Bibel ist ein Gott der immer wieder unterliegenden menschlichen Solidarität, die in der Bibel »die Stärke der Schwachen« genannt wird. Er ist nicht der von uns unabhängige Herr, der seine undurchschaubaren Pläne mit uns hat. Er zieht uns zu sich, so stark oder so schwach, wie Liebe zieht. Ohne jede Gewalt. In diesem Sog der Liebe sind Menschen an einen Punkt gekommen, wo sie nicht mehr fragen mußten: »Warum läßt Gott das zu?« Sie ließen sich durch das, was immer geschah, nicht an Gott irremachen. Einige Juden sind betend in die Gaskammern gegangen, aber der Gott, zu dem sie beteten, ist nicht der objektgewordene Lenker der Geschichte. Wir müssen anfangen, genauer über Gott zu reden, so daß der Sinn unseres Lebens in der Gottesrede erscheint und nicht die Herrschaft über unser Leben in der Rede von Gott. Und wir müssen anders von Jesus reden, dürfen aus der Christologie nicht ausklammern, daß er jüdischer Proletarier und nicht römischer Bürger war. Er kommt von unten, nicht von oben. Er lebt ohne Schutz und lehnt den Schutz der Gewalt ab. Wenn aus diesem armen Mann von Nazareth ein reines Himmelswesen mit aller Macht und allen Vollmachten herausdestilliert wird, in dessen Namen Frauen als Hexen und Juden als Christusmörder verfolgt und verbrannt worden sind, dann ist daran auch eine allzu steile Christologie beteiligt, eine Lehre von Christus, die seine Menschlichkeit, seine Verwurzelung im Judentum überspielt.

Auschwitz hat nicht in Auschwitz geendet. Was können wir tun? Die jüdische Tradition lehrt, daß wir beten und das Gerechte tun sollen. Niemand soll ankommen und es angeblich nicht gewußt haben. Es bedeutet, nicht alles mit sich machen zu lassen, sondern Widerstand zu leisten. Es bedeutet, den Hungrigen Brot zu geben statt Atombomben. Beten bedeutet, nicht zu verzweifeln. Beten ist Widerspruch gegen den Tod.

Beten bedeutet, sich sammeln, nachdenken, Klarheit gewinnen, wohin wir eigentlich leben, was wir mit unserem Leben wollen; Gedächtnis haben und darin Gott ähnlich werden; Wünsche haben für uns und unsere Kinder; die Wünsche laut und leise, zusammen und allein äußern und darin immer mehr dem Menschen ähnlich werden, als der wir gemeint waren.

Laßt uns von der Auferstehung sprechen!

Unsere heutige Aufgabe ist, Befreiung so zu artikulieren, daß sie nicht von oben nach unten geschieht, daß nicht ohnmächtige Objekte dank eines himmlischen Eingriffs in einer andere Lage versetzt werden. Niemand kann für einen Menschen auferstehen, auch Christus steht nicht »für uns« auf, sondern als der erste unter vielen Brüdern und Schwestern.

Es gibt Zeiten, in denen wir nichts von seiner Auferstehung spüren, Zeiten des Schmerzes und der Tortur, Zeiten der vielen Kreuze. Laßt uns trotzdem nicht zu denen gehören, die die Nachricht von der Auferstehung unterdrücken oder sich selbst nicht mehr glauben. In den Zeiten der vielen Kreuze sollen wir weitererzählen, was wir gehört und verstanden haben. Wir sollen so sprechen, daß Christus vermißt wird, daß er auch als Verschwundener anwesend ist. Wir sollen unseren Schmerz sagen, wenn wir seinen Sieg nicht wahrnehmen, und unsere Sehnsucht. Aber vermißt sein ist auch eine Art dazusein. Verschwundensein ist eine Weise dazusein. Laßt uns dem Tod keinen Zentimeter mehr Macht einräumen als er schon hat. Laßt uns vom Wiederfinden des Verschwundenen, vom Sattwerden der Hungernden und von der Auferstehung von den Toten sprechen.

4

»Die Träumenden zum Handeln bringen, die Handelnden zum Träumen«

Der Weg der Mystik

Christus ist wie Feuer. Von ferne betrachtet leuchtet es, kommt man näher, so wärmt es und tröstet, geht man noch näher, so wird man selbst das Feuer.

Was bedeutet dieses »ohne Warum«, in dem wir leben sollen und in dem das Leben selber lebt? Es ist die Abwesenheit von allem Zweck, aller Berechnung, allem *quid pro quo*, allem Etwas für etwas Anderes, aller Herrschaft, die sich das Leben zu Dienste macht. Wo immer wir zerrissen sind zwischen Sein und Handeln, Empfinden und Tun, da leben wir nicht »sunder warumbe«, sondern berechnen Aufwand und Erfolg, kalkulieren Wahrscheinlichkeit und Nutzen oder folgen unbegriffenen Ängsten. Ich sage das mit Blick auf die in der hochtechnologisierten Welt massiv wachsende Zweckrationalität, die jedes grundlose Dasein verbietet: Wir essen bestimmte Speisen, um abzunehmen, gehen zum Tanzunterricht, um beweglich zu bleiben, beten, um die Erfüllung bestimmter Wünsche von Gott zu erhandeln. Die Rose blüht keineswegs »ohn Warum« oder »weil sie blühet«, sondern sie ist in unserer Lebenswelt des Marktes eine Ware zum Verkauf wie alle anderen Gegenstände auch.

Meister Eckhart gebraucht einen erheiternden religionskritischen Vergleich:

»Aber manche Leute wollen Gott mit den Augen ansehen, mit denen sie eine Kuh ansehen, und wollen Gott lieben, wie sie eine Kuh lieben. Die liebst du wegen der Milch und des Käses und deines eigenen Nutzens. So halten's alle jene Leute, die Gott um äußeren Reichtums oder inneren Trostes willen lieben; die aber lieben Gott nicht recht, sondern sie lieben ihren Eigennutz.«

Das »sunder warumbe« ist das, was aller mystischen Gottesliebe zugrunde liegt. Es ist eine andere Ausdrucksform dessen, was C. S. Lewis in die Formel »I am what I do« gebracht hat. Es bedeutet aber auch eine Klärung für die immensen Schwierigkeiten mystischer Sprache zwischen Unaussprechlichkeit und Verstummen. Denn unser Verhältnis zur Sprache ist ja nicht viel besser als das derer, die Gott wie eine Kuh lieben. Unsere Sprache ist ein Teil unseres Lebens in der Welt der Zwecke und Absichten. Ich sage etwas, um etwas zu erreichen oder etwas zu bekommen. Ich stehe als Subjekt den Objekten gegenüber und benutze sie. Ich bin noch in dem, was Meister Eckhart den Geist der »koufmanschaft« nennt, das heißt im *do ut des*. Ich verspreche etwas, um eine Gegenleistung zu erhalten. Ich benutze die Sprache im Geist der zweckhaften Verdinglichung. Würde ich die Erfahrung der Einheit ernst nehmen, eine Erfahrung, die weder durch sinnliches Erleben noch durch die Vernunft durchdrungen werden kann, so würde ich nicht sprechen, um mir etwas anzueignen. Die Sprache wäre dann nicht ein Mittel, mir die Welt zu gewinnen. Sie könnte die Freude feiern oder den Schmerz klagen. Sie zielte nicht auf etwas ab, das ich erbeuten kann, sondern versammelte mich im Jetzt.

Die mystische Grundvorstellung von dem, was Sprache kann – nicht genug kann, aber unter keinen Umständen aufgeben kann –, orientiert sich am reinen Loben. Das Lob mag zwar Anlässe kennen – und sich in der Sprache der Liturgie mit Dank vermischen –, in Wahrheit hat es aber immer den Charakter des »sunder warumbe«. Im Loben – des aufgehenden Mondes, eines geliebten Menschen oder eben des Brunnquells aller Güter –

ist das zweckbesessene, herrschsüchtige Ego vergangen. Es ist aus sich herausgegangen. Es hat sich »versenkt«.

Der Geist der Kaufmannschaft ist aufgegeben, und wir haben das, was Eckhart »Eigenschaft« nennt, verloren. Dieses Wort hat bei ihm verschiedene Konnotationen: Es bedeutet Besitz und den Wunsch zu besitzen, Originalität im Sinn des modernen Wortes »Eigenschaft«, charakteristische Eigentümlichkeit und Singularität, schließlich auch Selbstliebe und Selbstsucht. Es ist also fast undenkbar, ohne Eigenschaft zu leben – und ist doch zugleich ein Ausdruck der tiefsten Freiheit, in die wir gelangen können. Frei werden wir, wenn wir »ledig« von Ängsten und Zwängen in Gottes Gegenwart da sind – »sunder warumbe«.

Für Eckhart sind alle authentischen Taten solche, die die Ursprungstat der Schöpfung nachahmen, sie sprudeln hervor aus dem Leben und der Liebe. In diesem Sinn sind sie ohne Warum und Wozu. Die Schöpfung ist nicht in den kausalen und finalen Zusammenhang eingepreßt, dem wir uns in unserer Lebenswelt unterwerfen. Wozu sollte Gott Giraffen, wunderbare, von niemandem gesehene Steine und auch Wesen wie mich geschaffen haben?! Die mystische Schöpfungsspiritualität artikuliert ein prinzipiell anderes Verhältnis zur Welt, als es die Instrumentalisierung des Lebens uns diktiert.

Auch Gott liebt uns ohne Warum und Wozu.

> »Liebe aber hat kein Warum. Hätte ich einen Freund und liebte ihn darum, daß mir Gutes von ihm geschähe und mein voller Wille, so liebte ich nicht meinen Freund, sondern mich selbst. Ich soll meinen Freund lieben um seiner eigenen Güte und um seiner

eigenen Tugend und um alles dessen, was er in sich selbst ist, willen.«

Wenn unsere Taten die Ursprungstat der Schöpfung nachahmen, dann hat auch unsere Sprache ohne Warum und Wozu zu sein. Die Liebe hat wie die Rose kein Warum. »Sie blühet, weil sie blühet«.

Am Atem des Lebens, an Gottes Geistin teilhaben

Was ist Mystik? Es ist die Gewißheit Gottes in unserer Wirklichkeit, die Erkenntnis Gottes aus Erfahrung, nicht aus Büchern oder Ritualen. Die schwarze Schriftstellerin Alice Walker sagt schön, daß man nicht in die Kirche geht, um Gott zu finden, sondern um Gott mit anderen zu teilen. Den erfahrenen, vielleicht nicht benannten Gott, den Atem des Lebens mit anderen zu teilen.

An den Heiligen Geist glauben, an Gottes Geistin anteilhaben, um ihren Atem beten lernen, das alles läßt sich nicht besitzen, verwalten und ordnen. Bedeutet das eine pneumatische Anarchie? Kann jede und jeder kommen und sich auf den Geist Gottes berufen? Die zweite Grundfrage ist die nach Kriterien, die dem Subjektivismus als der Gefahr aller unechten Mystik wehren. Die Verdrängung der mystischen Erfahrung, ihre allzu selbstbescheidene Leugnung, ist keine Antwort. Unsere Kirchen sind auch deswegen so leer, so langweilig, so geistlos, weil Mystik, Gottes Gegenwart jetzt, in ihnen keinen Raum hat. Wann werden wir wieder singen lernen: »Gott ist gegenwärtig, alles in uns schweige ...«?

Ohne Mystik können wir nicht leben. Aus der Ökumene habe ich gelernt, daß das Bekenntnis zum Gott des Lebens immer den Widerstand gegen die Mächte des Todes einschließt. Billiger, freundlicher, ungefährlicher ist die neue Spiritualität nicht zu haben.

Das Lied vom Atem Gottes nennt auf einfache Weise das Kriterium für die Unterscheidung der Geister innerhalb unserer, der jüdischen und der christlichen Tradition. Wir werden vom Geist ergriffen und mit der Geistin eins, dort, wo wir im Willen mit Gott eins sind.

Atem Gottes, hauch mich an
füll du mich wieder mit Leben
daß ich, was du liebst, lieben kann
»that I may love what thou dost love
and do what thou wouldst do.«

Können wir das denn: tun, was Gott täte? Lieben, was er liebt, und wollen, was er will? Die mystische Tradition antwortet auf diese Frage mit einem klaren Ja. Die Einheit zwischen dem Schöpfer-Gott und dem kleinen Menschen wird nicht durch Zauber hergestellt, durch Drogen oder Ekstase, sondern durch die Einheit im Willen. Das klingt sehr nüchtern, aber vielleicht ist es die Grundlage jeder Spiritualität, die diesen Namen verdient. Mit Gottes Willen einswerden, Ja sagen lernen, dein Wille geschehe, hier steh ich, ein schwacher Mensch, der nichts so sehr will, wie dein zu sein, Gott, mit deinem Willen eins zu sein, der es nicht mehr erträgt zuzusehen, wie deine Schöpfung vergewaltigt wird, und der in den Widerstand wächst aus einer mystischen Liebe zu dir.

Komm, heilige Geistin
erneuere die Gestalt der Erde
versöhn uns mit der Luft
die wir verpesten
versöhn uns mit dem Wasser
das wir vergiften
versöhn uns mit dem Land
das wir zubetonieren
Erneuere unsere Wünsche
und das Angesicht der Erde

Komm, Mutter des Lebens
reinige uns vom Willen zur Macht
laß uns glauben an die Versöhnung
zwischen uns und den Tieren
die wir wie Maschinen behandeln
mach uns geduldig mit allen Pflanzen
die uns zu nichts nützlich sind
gib uns Glauben an die Rettung der Bäume
daß sie nicht alle sterben
Erneuere unsern Verstand
und das Angesicht der Erde

Komm, Atem Gottes
du Lehrerin der Demütigen
hauch uns, die Totgeborenen, an
daß wir mit allen Kreaturen leben lernen
mach uns aus Siegern zu Geschwistern

aus Benutzern zu Hüterinnen
aus Profitberechnern zu Freunden der Erde
Erneuere unsere Herzen
und das Angesicht der Erde

Komm, du Hoffnung der Armen
du Richter der Mächtigen
du Rettung im Schiffbruch unseres Planeten
Führ uns aus dem Gefängnis
Atem des Lebens, weh uns an
Wasser des Lebens, laß uns von dir trinken
Laß uns deine Wohnung werden
und erneuere das Angesicht der Erde

Maria und Martha: Die Einheit von Handeln und Träumen

Als ich die Geschichte von Maria und Martha wieder las, erinnerte ich mich an meine Kindheit. In unserer evangelischen Kirche in einem Vorort von Köln gab es ein Glasfenster mit der Inschrift: »Eins aber ist not!« Selbstversunken, schmalgliedrig und zart saß Maria zu Jesu Füßen. An den Tisch gelehnt, breitbeinig, einen Rührtopf in der Hand, stand Martha dabei, eine Hand vorwurfsvoll erhoben. »Herr, stört es dich nicht, daß meine Schwester mich da so allein arbeiten läßt?« (Lk 10,40) Ich erinnere mich, daß ich die Geschichte nicht leiden konnte.

Die abendländische Tradition hat diese beiden Frauengestalten als Typen für das kontemplative und das aktive Leben angesehen. Beschaulichkeit und Wirksamkeit, das ruhige Hören des Wortes und die rastlose Sorge um die alltäglichen Nöte des Leibes, die *vita contemplativa* und die *vita activa*, wurden aber nicht nur einander gegenübergestellt, sondern in eine eher von Aristoteles als vom jüdischen Denken geprägte Rangordnung eingeordnet. Das kontemplative Leben gilt als höherwertig, es ist geistiger und wesentlicher, das tätig-praktische Leben ist notwendig, aber untergeordnet. Maria hat sich »das bessere Teil erwählt«. Martha wird in dieser Tradition als nützlich, aber etwas beschränkt und eng angesehen. Zu den Grundlagen des abendländischen Denkens gehört es, »reine« Theorie als erhaben über die bloße Praxis anzusehen; sie verhalten sich wie Kopf- und Handarbeit. Die Reformation hat zwar die Kontemplation beschaulicher Klosterinsassen zugunsten des bürgerlichen praktischen Handelns zurückgedrängt, die Gestalt der Martha aber, der tätigen realistischen Frau, noch weiter herabgewürdigt. Luther sagte: »Martha, dein Werk muß bestraft und für nichts geachtet werden . . . ich will kein Werk haben denn das Werk Marias, das ist der Glaube.«

Gegen die Übermacht dieser spiritualisierenden und antijüdischen Auslegungstradition für Maria und zuungunsten Marthas hat nicht die Reformation, sondern eine ganz andere Seite Einspruch erhoben: die Mystiker. In einer radikalen Neu-Interpretation hat Meister Eckhart in seiner Predigt die noch unfertige Maria an den Anfang des geistlichen Lebens gerückt und der reifen Martha aufgrund ihrer Erfahrung eine größere Nähe zu dem, was not tut, zugesprochen. »Martha fürchtete, daß ihre Schwester im Wohlgefühl und in der Süße steckenbliebe.« Martha wünscht sich, daß Maria wird wie sie selbst. Und, führt Eckhart in einer genialen christlichen, nicht klerikalen, den Geist der aufblühenden Frauenbewegung des späten Mittelalters spiegelnden Neudeutung (relecture) fort: »Deshalb sprach Christus und meinte: Sei beruhigt, Martha, auch sie hat den besten Teil erwählt. Dies hier wird sich bei ihr verlieren. Das Höchste, das wird ihr zuteil werden: Sie wird selig werden wie du!«

Frauen, die sich heute bewußt auf die christliche Tradition einlassen, sind dabei zu lernen, zwischen den unterdrückerischen frauenfeindlichen und den befreienden Zügen dieser Tradition zu unterscheiden. Für unsere Geschichte bedeutet das, zwei Schritte zu tun. Den ersten nenne ich: Martha wiederentdecken, den zweiten: Maria und Martha zusammenbekommen! Wir müssen Martha nicht nur »verstehen«, sondern sie aufwerten, ihre Stärke wahrnehmen, ihre Kraft uns zu eigen machen, sie nicht nur von Lukas 10 her zu sehen, sondern Johannes 11, die Geschichte von der Auferweckung des Lazarus, dazuzunehmen, eine Geschichte, in der Martha die Handelnde ist, die mit Jesus rechtet wie Hiob mit Gott. Sie ist die realistisch Handelnde, die weiß, daß ihr Bruder nach vier Tagen im Grab schon stinkt, und sie ist die theologisch Denkende, die das Bekenntnis zu Christus ausspricht: »Herr, ja, ich glaube, daß du bist Christus, der Sohn Gottes, der in die Welt gekommen ist« (Joh 11,27) – wie sonst nur Petrus. Diese Christin zu entdecken, hilft uns, die Hierarchie zu entmächtigen, auch die, die sich in uns selbst eingenistet hat. Hierarchie als die garantierte Herrschaft, die sich nicht zu begründen braucht, die Überlegenheit und Privilegien verleiht, ist immer gegen die tiefsten Interessen der Frauen gerichtet, auch wenn sie, wie in diesem Maria-Martha-Modell, unter Frauen selbst auftaucht. Das hierarchische Denken unterstützt immer die Frauenverachtung, die Lächerlichmachung oder Trivialisierung der Frauen – und ich glaube, das habe ich als kleines Mädchen gespürt. Martha tat mir leid, und sie war mir peinlich. Daß Frauen so sein können wie das Martha-Klischee, das ich ererbt hatte, schmerzte und störte mich.

Martha wieder entdecken – die starke, die selbstbewußte, nüchterne, klare Frau lieben lernen –, das hilft mir. In der Lazarusgeschichte wird auch erzählt, wie verschieden die beiden Schwestern auf den Tod ihres Bruders reagieren. Maria wirft sich weinend Jesus zu Füßen; Martha rechtet mit ihm, der ganz in der Nähe war und ohne Mühe eher kommen konnte! Sie ist vorlaut, gibt nicht klein bei, und sie ist es, die, ein weiblicher Petrus, die Wahrheit sagt. Kein Zufall, daß sie später als Drachentöterin dargestellt wird.

Mit der Wiederentdeckung der häßlich gemachten Martha ist auch der andere notwendige Schritt der Auslegung verbunden, der für Frauen *und* Männer heute von äußerster Wichtigkeit ist. Wir müssen lernen, daß wir nicht wählen müssen zwischen der Kontemplation und dem Handeln. Niemand hat das Recht, uns diese Wahl aufzuzwingen. Wir müssen die Welt nicht in Macher und Träumer, in die sanfte, lauschende, sich hingebende Maria auf der einen Seite und die pragmatische, handlungsstarke Martha aufteilen. Wir brauchen beide, Maria und Martha, wir sind in der Tat diese beiden Schwestern. Teresa von Avila, die der mystischen Auslegungstradition folgt und die sich abkapselnde Kontemplation verwirft, sagt: »Glaubt mir, Martha und Maria müssen beisammen sein, um den Herrn beherbergen zu können und ihn immer bei sich behalten zu können, sonst wird er schlecht bewirtet sein und ohne Speise bleiben. Wie hätte Maria, die immer zu seinen Füßen saß, ihm etwas zu essen gegeben, wenn die Schwester ihr nicht beigesprungen wäre? Seine Speise aber ist, daß wir auf jede Weise Seelen sammeln, damit sie errettet werden und ihn loben in Ewigkeit.« Nur beide Schwestern zusammen können Christus »beherbergen«, so daß er einen Ort auf der Welt hätte.

Es gibt heute in der reichen Welt ein großes Verlangen nach Spiritualität, nach Versenkung, nach Kontemplation und Mystik. Maria kann zum Sinnbild dieser halben, noch unreifen Spiritualität werden. Viele junge Menschen verzweifeln an den Handlungsmöglichkeiten in unserer Welt, sie sehen die Bäume sterben und die Kinder der Armen verhungern und ziehen sich in eine Innerlichkeit zurück, vor der die Mystiker gewarnt haben. Eckhart sagt über die Maria, daß sie damals, als sie zu Füßen Christi saß, »noch nicht Maria hieß. Denn sie saß noch im Wohlgefühl und süßer Empfindung und war in die Schule genommen und lernte erst leben. Martha aber stand ganz wesenhaft da.«

An diese Unterscheidung muß ich immer denken, wenn ich die starken Frauen meiner Generation sehe, die unbeirrt handeln und gegen die uns beherrschenden Drachen kämpfen. Wenn unsere Kirchen eines Tages Christus »beherbergen« und ihm Speise geben, dann werden solche Frauen Bischöfe und Lehrerinnen der Kirche sein. Die Martha in mir soll die Maria nicht verdrängen. Aus jeder Frau soll das junge Mädchen, das sie einmal war, hervorschauen. Aber auf das Entweder-Oder wollen sich die besten Frauen, die ich kenne, nun nicht mehr einlassen.

Als ich ein kleines Mädchen war, nach drei älteren Brüdern geboren, mußte ich manchmal meine Indianerbücher verstecken, Schulaufgaben vortäuschen, um mich den »Nachstellungen der Mittelmäßigkeit« (wie Kierkegaard es so exakt formuliert) zu entziehen. Die meisten Frauen kennen das Problem, sich einen Raum schaffen zu müssen, in dem sie die Freiheit haben, wachsen zu dürfen und nicht künstlich kleingehalten zu werden. Es ist klar, daß Maria und Martha in der Bibel auch ein Tochter-Mutter-Problem ausdrücken. Aber die Bibel macht aus Töchtern und Müttern Schwestern, und die Legende läßt sie beide mit den Jüngern Jesu übers Meer fahren und lehren und predigen, so daß sie handeln und träumen, das Gerechte tun und beten, *lutte et contemplation* zusammenbekommen in ihrem Leben – und die Welt schwesterlicher wird.

Du sollst dir kein Bildnis machen

In den letzten Jahren bin ich bestimmt über hundertmal von Journalisten gefragt worden. »Welches Gottesbild haben Sie eigentlich?« Keins, brumme ich dann. Ich soll doch nicht! Mal dies, mal jenes. Vater oder Mutter oder Morgenglanz der Ewigkeit oder d-moll-Klavierkonzert. Kommt drauf an, wo ich Gott treffe. Schließlich werde ich ärgerlich und sage: Können Sie nicht mal eine

Sekunde Ihren blöden kleinen Kasten, mit dem Sie Bildchen fangen gehen, aus der Hand legen?! Glauben Sie denn im Ernst, Sie könnten die Gerechtigkeit knipsen? Den Trost filmen? Die Güte dokumentieren? Meinen Sie immer noch, wenn Sie mit Ihrer phantastischen Kamera am Ostersonntag in Jerusalem dabei gewesen wären, Sie hätten etwas von dem Gott, der manchmal sichtbar wird, aber nie zur Verfügung steht, auf Ihrem Film?

Das merkwürdige zweite Gebot schützt Gottes Freiheit – vor Pfaffen und Ideologen, vor Fundamentalisten und allen übrigen Gottesbesitzern. Es läßt Gott das, was wir in allen unseren Beziehungen zu respektieren lernen müssen: die Andersheit des anderen. Gott überrascht uns mit seinem Auftauchen am ungewöhnlichen Ort. Mit Sprachen, die manchmal so unverständlich sind wie das Gestammel eines behinderten Kindes. Mit Namen, die wir nicht kennen, und solchen, die wir neu erfinden müssen. Das Gebot erinnert daran, daß Gott größer ist als unser Herz, daß in ihm auch das Fremde, Unerwartete, Noch-Nichterschienene steckt.

Gott allein genügt, wie Teresa von Avila sagt: »Solo Dios – basta!« Dich allein, Dich ohne Bild, Dich unmißbraucht sollen wir lieben. Die postmoderne Vielgötterei ist zerstörerisch, weil sie aus einzelnen Lebensmächten – wie der Arbeit, der Sexualität, der Nation, dem Geld, der Wissenschaft – Götzen macht, denen wir unser Leben und das anderer Leute opfern. Indem wir diesen Abgöttern dienen, ausschließlich und blind, verletzen wir das Leben, das, was Gott gehört. Das zweite Gebot sagt mir:

Ich bin das Geheimnis des Lebens,
du wirst mich nicht entziffern
und verkäuflich machen,
du wirst mich nicht einteilen
in überflüssig und verwertbar,
du wirst meinen Namen nicht an dich reißen,
um deine Macht zu vergrößern,
du wirst meine Kraft spüren
jenseits der Bilder und hinter den Namen,
du wirst mich nicht verraten.

Konzentrationsübung

Wenn ich ganz still bin
kann ich von meinem bett aus
das meer rauschen hören
es genügt aber nicht ganz still zu sein
ich muß auch meine gedanken vom land abziehn

Es genügt nicht die gedanken vom festland abzuziehen
ich muß auch das atmen dem meer anpassen
weil ich beim einatmen weniger höre

Es genügt nicht den atem dem meer anzupassen
ich muß auch händen und füßen die ungeduld nehmen

Es genügt nicht hände und füße zu besänftigen
ich muß auch die bilder von mir weggeben

Es genügt nicht die bilder wegzugeben
ich muß auch das müssen lassen

Es genügt nicht das müssen zu lassen
solange ich das ich nicht verlasse

Es genügt nicht das ich zu lassen
ich lerne das fallen

Es genügt nicht zu fallen
aber während ich falle
und mir entsinke
höre ich auf
das meer zu suchen
weil das meer nun
von der küste heraufgekommen
in mein zimmer getreten
um mich ist

Wenn ich ganz still bin

Leer werden

»Leer werden«, das ist eine technische Sache, man kann das mit Konzentration und etwas Aufwand erlernen, und es ist sehr schön, das zu lernen. Nur, wofür werde ich denn eigentlich leer? Das ist doch die Frage. Ich sage: für Gottes gewaltfreie Stille. Das meint aber nicht etwas, das Gott von seiner Schöpfung abschneidet und Ihn dafür im Kleinstformat in meine Seele pflanzt. Das ist zu klein gedacht von Gott. Gott liebt die ganze Welt. Auch die Verhungernden, die wir verhungern lassen. Doch so, wie Jesus eben manchmal allein sein mußte und in die Wüste ging, um zu fasten und zu beten, so können und sollen auch wir zu uns selber kommen und uns nicht verzehren lassen. Dann aber auch wieder zurückgehen in eine wirkliche Gemeinschaft der Glaubenden und darin arbeiten und leben. Dank der erlebten Gemeinschaft ist mein Vertrauen in das Volk Gottes gewachsen. Erfahrungen aus der Oekumene – das ist einfach großartig, wenn man das versammelte Volk Gottes aus, ich weiß nicht, fünfhundert Nationen in fünfhundert Sprachen sprechen und beten hört, die verschiedenen Erfahrungen zu hören bekommt, diese Erfahrungen der andern ernst nimmt und damit aus dem Gefühl, wir sind eine winzige, ohnmächtige, lächerliche Minderheit herausfindet.

Mystik und Widerstand

Warum, wenn Gottes Welt doch so groß ist,
bist du ausgerechnet
in einem Gefängnis eingeschlafen?
Rumi

Die mystische Erfahrung und das mystische Bewußtsein haben mich seit vielen Jahren angezogen und getragen. Sie erschienen mir als das Zentrale innerhalb der komplexen Erscheinung »Religion«.

Es ist das mystische Element, das mich nicht losläßt. Es ist, um es vorläufig und einfach zu sagen, die Gottesliebe, die ich leben, verstehen und verbreiten will. Daß Menschen Gott lieben, beschützen, neu machen und erretten, klingt den meisten größenwahnsinnig oder gar verrückt. Es ist aber gerade diese Verrücktheit der Liebe, von der die Mystiker leben.

Hingezogen zur Mystik hat mich der Traum, hier eine andere Gestalt von Spiritualität zu finden, die ich innerhalb des deutschen Protestantismus vermißte. Weniger dogmatisch, weniger verkopft und in historische Worthülsen verpackt, weniger männerzentriert sollte das sein, was ich suchte. Es sollte auf Erfahrung bezogen sein im doppelten Sinne des Wortes, das sowohl die Entstehung wie die Lebenskonsequenzen dieser Gottesliebe meint. So suchte ich statt des »ertichteten Glaubens«, von dem Thomas Müntzer spricht, der für den Kopf und für das Weiterfunktionieren der Institution reichen mag, die mystischen Elemente des Glaubens in der Bibel und anderen Heiligen Schriften, in der Kirchengeschichte, aber auch in der Alltagserfahrung gelebter Verbundenheit mit Gott oder der Gottheit. Die Unterscheidung zwischen dem personal gedachten und dem transpersonal gedachten Grund alles Seienden braucht hier nicht berücksichtigt zu werden. Ist nicht die »Achtsamkeit« oder die »bare Aufmerksamkeit« der buddhistischen Tradition ein anderes Wort für das, was in den abrahamitischen Traditionen »Liebe zu Gott« heißt?

Ein Ausdruck wie »Sehnsucht nach Gott«, was eine andere Übersetzung für Mystik wäre, ruft oft Peinlichkeit hervor; unsere größte Vollkommenheit, wie die Tradition sich ausdrückt, ist es, Gottes zu bedürfen. Aber gerade das wird angesehen als eine Art fehlgeleiteter Schwärmerei, als ein Gefühlsüberschwang. In den letzten Jahren sind zwei Freundinnen von mir zum Katholizismus übergetreten. Ich konnte das nicht billigen: einmal, weil die konfessionellen Einteilungen des 16. Jahrhunderts mir schon lange nicht mehr essentiell sind, und zum andern, weil ich die Kälte, vor der beide flohen, in der römischen Institution – mit ihrem ungebrochenen Njet zu Frauen, zu einer humanen Sexualität und zu geistiger Freiheit– nur verdoppelt finde. Aber was meine Freundinnen suchten und vor allem in der Liturgie der katholischen Kirche fanden, war mystische Beheimatung.

Mich interessiert, wie sich Mystiker verschiedener Zeiten zu und in ihrer Gesellschaft verhalten haben. Waren Weltflucht, Abgeschiedenheit, Einsamkeit wirklich das mystik-adäquate Verhalten? Hat es nicht auch andere Ausdrucksformen des mystischen Bewußtseins gegeben, im Leben von Gemeinschaften und auch im Leben von Einzelnen? Haben nicht Mystiker, kommunal und individual, ein anderes Verhältnis zur »Welt«, zur Gesamtgesellschaft gehabt, und zwar in Praxis und Theorie? Können wir denn ausgerechnet das Gefängnis, in dem wir eingeschlafen sind, als ewige Gegebenheit der Welt ohne reale historische Bestimmung ansehen?

Meine Fragestellung ist auf die soziale Realität bezogen. Das bedeutet: Ich versuche die Unterscheidung von mystischem *Innen* und politischem *Außen* aufzuheben um des Innen willen. Alles Innere ist zu veräußern, sonst verdirbt es wie das auf Vorrat gesammelte Manna in der Wüste. Keine Gotteserfahrung läßt sich so privatisieren, daß sie Besitz der Besitzer, Privileg der Mußehabenden, esoterischer Bereich der Eingeweihten bleibt. Suche ich nach Begriffen, die die mögliche Weltbeziehung der Mystiker benennen, so stoße ich auf eine Reihe verschiedener Möglichkeiten, die zwischen dem Rückzug von der Welt und ihrer revolutionären Veränderung anzusiedeln sind. Aber ob es sich um den Rückzug, die Verweigerung, die Nichtübereinstimmung, die Abweichung, den Dissens, die Reform, den Widerstand, die Rebellion oder die Revolution handelt – in all diesen Formen steckt ein Nein zur Welt, wie sie jetzt ist. Die Reformerin Teresa von Avila und die flandrischen Beginen, die sich neue, eigene Lebensgestalten schufen, der revolutionäre Bauernführer Thomas Müntzer und der Massenvernichtungsmittel zerstörende Jesuit Daniel Berrigan – sie alle leben ihre Mystik in der Absage an die in ihrer Welt herrschenden Werte. Denn wer will, daß die Welt so bleibt, wie sie ist, hat schon in ihre Selbstzerstörung eingewilligt und so die Gottesliebe mit ihrem Ungenügen am Gegebenen verraten.

»Widerstand« ist für mich, Bürgerin eines reichen Industrielandes, in den letzten Jahren als Ausdruck einer politischen Kultur immer wichtiger geworden. Als könnte ich das, was das gemeinsame Leben eigentlich bedeutet, am besten mit diesem Wort ausdrücken, obwohl ich doch weiß, daß es meist wie ein zu großer Schuh für Leute ist, die gerade anfangen, gehen zu lernen. Es enthält die Erinnerung an den europäischen Widerstand gegen Nationalsozialismus und Militarismus, gegen Stalinismus und Menschenrechtsverletzungen im real sozialistischen Machtbereich. Es enthält die Erinnerung an die Toten, die in diesem Aufbegehren und Kämpfen ihr Leben gegeben haben, z.B. Sophie Scholl und Dietrich Bonhoeffer.

Mit dem Wort »Mystik« versuche ich einen Prozeß zu benennen, in dem ich mich in einem doppelten Sinn befinde: die Entdeckung mystischer Traditionen und ihre Aneignung. Sich etwas zu eigen machen bedeutet, es auch er-innern zu können. Wenn ich lese, wie die Mystiker gedacht, geträumt, gesprochen und gelebt haben, so wird mir auch das eigene Leben immer mystischer, immer verwunderlicher; es ist, als wüchsen mir andere Ohren, ein drittes Auge, Flügel der Morgenröte. Ich verstehe mich selber besser, weil ich durch diese »Brüder und Schwestern vom freien Geist« eine Sprache lerne, die mir die eigenen Erfahrungen näherbringt und deutlicher glänzen macht. Erst recht werden die eigenen Entbehrungen klarer, das Gefängnis kann nur benannt werden von einem, der mich aus ihm herausruft.

Das griechische Wort für Lesen bedeutet Wiedererkennen. Die mystischen Texte zu lesen bedeutet, sich selber, dieses verschüttete Wesen, wiederzuerkennen. So befreit die Entdeckung der mystischen Tradition auch die eigene vergessene Erfahrung. Mein Interesse ist nicht, die Mystiker zu bewundern, sondern mich von ihnen er-innern zu lassen und das Innere Licht täglich so deutlich wie nur möglich zu sehen: Es ist auch in mir versteckt.

Wenn ich aber beides brauche, das Innere Licht des Einsseins mit allem, was lebt, und den Widerstand gegen die Todesmaschine – wie bekomme ich beide zusammen? Wächst der Widerstand wirklich aus der mystischen Erfahrung heraus? Oder wächst die mystische Erfahrung und Gewißheit aus der Solidarität des Widerstands? Gibt es nicht genug weltabgewandte, politisch total resignierte, im eigenen Narzißmus versinkende

Mystiker? War ihre Mystik dann nicht tief genug, ihre Armut nicht arm genug, ihre Verbundenheit nicht verbunden genug? Vielleicht ist »wächst heraus« nicht die richtige Ausdrucksweise, weil es so aussehen könnte, als müsse die mystische Gott-unmittelbare Nähe dann eine Art ethischer, menschenverbundener Anwendung finden.

Das »und« zwischen Mystik und Widerstand muß radikaler begriffen werden – und genau darin liegen die Schwierigkeiten. Man kann nämlich nicht denken, was man nicht tut. Die Gottesliebe kann man nicht an andern wahrnehmen oder beobachten. »Der Beobachter sieht nichts« (Johannes Bobrowski). Ich kann die Liebe Gottes nur sehen, wenn ich ein Teil von ihr werde. Unser religiös begründeter Widerstand ist noch so schwach, so erfahrungsarm, so ungetan, daß wir ihn kaum denken können.

»Du stilles Geschrei« ist eine Anrede an Gott, die aus einem anonym überlieferten Brief aus dem späten Mittelalter, vermutlich von einem Seelsorger an ein Beichtkind in Schwierigkeiten und Nöten, stammt. »Mein Kind, sei geduldig und laß Dich, dieweil man Dir Gott nicht aus dem Grunde Deines Herzens gräbt. O tiefer Schatz, wie wirst Du ausgegraben?« Es folgt dann eine Reihe von Gottesanreden, die, wie häufig in der Sprache der deutschen Mystik, nicht die traditionellen personalen Metaphern wie Vater, König, Höchster benutzen, sondern neue, nichtpersonale wie Schatz, Brunnen, Glanz oder »verborgene Sicherheit« wählen, um die Gottheit zu benennen. In der Reihe dieser Metaphern steht auch die paradoxe Wendung »du stilles Geschrei«, die mir seit Jahren nicht aus dem Sinn will. Es ist ein mystischer Name für Gott, der seine Macht nicht auf Herrschaft und Befehl gründet. Es ist ein Name, den alle brauchen können, die das unter uns oft unhörbar gewordene »stille Geschrei« vermissen. Daß wir alle lernen, es im Grunde der Welt zu hören, dazu helfe uns der, der auch in uns schreit.

Das gebet des windes in grandchamp

Der wind stöhnt um das dach der alten scheune
wir singen und schweigen
das beten zu lernen
der wind stört mich beim schweigen
kannst du nicht still sein
fahr ich ihn an
sieh doch die frommen frauen
und weißt du nichts von christus
der uns gelehrt hat
für die verhungernden einzutreten

Der wind heult um das dach der alten scheune
die eine kirche ist
das beten zu lernen
es ist nicht der wind der stört beim schweigen
hör mir doch zu
lacht er und schlägt sich gegen das dach
laß es doch sausen dein ich
und weißt du nichts vom tao
das uns gelehrt hat
nicht gegen den wind zu leben

Der wind singt um das dach der alten scheune
die eine art heimat wird
das beten zu lernen
endlich bin ich so still geworden
daß ich den wind beten höre
um die alte erde
ihre dächer und ihre antennen
daß nicht nur unsere der menschen musik da sei
singt er die ganze nacht
sein wüstes hallelujah
für die die wir vergessen

Mach uns demütig bruder wind
mach uns zornig
wenn du uns beten hilfst
so hilf auch kämpfen
sing vom tao
und sing von christus

Freiwillige Armut: Dorothy Day

Im Frühjahr 1972 fand in der Notre Dame University in den USA ein Gespräch zwischen zwei außerordentlichen Frauen dieses Jahrhunderts statt. Beide schön in der Weisheit des Alters, beide engagiert für die Rechte aller Menschen, trafen sie sich in einem lebendigen und zugleich persönlichen Austausch. Es waren die jüdische Philosophin Hannah Arendt (1906–1975) und die katholische Radikale Dorothy Day (1897–1980). Ein Priester flüsterte beim Zuhören einem Freund zu: »Das sind Inkarnationen . . . von intelligenter Güte und gütiger Intelligenz . . . Maria und Martha, die Schwestern in Bethanien!«

Auf meiner Suche nach einer Tradition des Widerstands im 20. Jahrhundert bin ich immer wieder auf diese »intelligente Güte« einer mystisch denkenden und lebenden Frau gestoßen, die von vielen Menschen in den Vereinigten Staaten als *die* amerikanische Heilige des 20. Jahrhunderts angesehen wird, weil sie Frömmigkeit, Pazifismus und freiwillige Armut wie selbstverständlich miteinander verband. Dorothy Day hat Marthas tätiges, organisierendes Leben als Sozialreformerin, Agitatorin, Aktivistin in Streik und Boykott geführt und zugleich – nach ihrer Konversion – das Leben der Maria mit täglichem Besuch der Messe und Zeiten des Fastens, der Kontemplation und vieler Stunden im Gebet.

Im katholischen Bereich gibt es eine tiefere Abneigung gegen den Glauben an Besitz und gar die Vorstellung, er sei das sichtbare Zeichen des Segens Gottes, als im calvinistischen Protestantismus. Sie reicht in die Vormoderne zurück und hat vielleicht deswegen einige Hoffnung im Bereich der Postmoderne für sich. Die Menschen, die sich um Dorothy Day und den »katholischen Arbeiter« scharten, haben Besitzlosigkeit und freiwillig gewählte Armut gelebt in einer Welt, in der Besitz als gutes Recht und das lebenslange Streben nach ihm als selbstverständlich gelten.

Was ist »freiwillige Armut«? In einem Artikel für den »Worker« erwähnt Dorothy Day die beiden Handtücher, die sie benutzt. Braucht man denn mehr? Zu viele Dinge machen, wie Thoreau sagte, das Leben überflüssig, sie ersticken uns. »Wir müssen sein, was wir von andern erwarten«, ist einer der personalistischen Grundsätze der Leute vom »Catholic Worker«. »Liebe von uns zu verlangen ist eine harte und schreckliche Sache«, hat Dorothy Day oft, Dostojewskij zitierend, gesagt. Als ich ihr begegnete, hörte ich zufällig einen Wortwechsel, der eine dritte, mir unbekannte Person betraf. »Sie soll sogar ein Sparkonto haben«, sagte die Partnerin mit Entsetzen in der Stimme, und Dorothy schüttelte traurig den Kopf.

Dorothy Day war eine blendende Schreiberin, die jeweils von einem genau beobachteten Stück Wirklichkeit ausging und es dann langsam durchsichtig machte für die großen Zusammenhänge von Besitzgier, Unterdrückung der Armen und Klassenkampf von oben, bis zu Gefängnis und Krieg, die sie als Folge der beiden grundlegenden Mächte, Geld und Gewalt, ansah. Sie schrieb regelmäßig kleine Beiträge für den »Worker«, die meistens mit einer Begegnung, einer Situation, einem Stück genau beobachteter, manchmal humorvoll, manchmal schneidend dargestellter Realität beginnen. In dem kleinen, alltäglichen, oft banal erscheinenden Faktum wird dann das Essentielle sichtbar gemacht. Es ist ein klassischer Journalismus, der im Besonderen das Allgemeine spiegelt und benennt. Einige dieser Kolumnen lesen sich wie Geschichten aus dem Evangelium: Sie sind ohne jede Sentimentalisierung oder Romantisierung der Armen und doch voller Wunder. Es ist ein Geist darin, der das Wunder an der nächsten Straßenecke erwartet – oder wenigstens vermißt.

Dorothy Days politisches Engagement für die Sache der Ärmsten und ihre radikale Kritik an einem System, das auf Lohnarbeit, Gefängnis und Krieg aufgebaut ist, haben ihre Konversion vorbereitet. Sie hat danach nichts von ihrer Gesellschaftskritik zurückgenommen, vielmehr jede Gestalt, die Eigentumssucht und Besitzgier zu stabilisieren trachtet, erkannt, und ihr anderes Lebensthema, der Einsatz für den Frieden, steht in einem inneren Zusammenhang mit der Kritik am Besitz, der Waffen und Luftschutzübungen notwendig macht. Sie blieb anarchistisch und wurde dabei immer frommer und immer radikaler.

So haben sich zwei Themen in ihrem Leben herauskristallisiert: Armut und Pazifismus. Die Ungleichverteilung der Mittel zum Leben, die Privilegien und die Verelendung immer größerer Massen sowie die Folgen des Elends in Prostitution, Alkoholismus, Verrohung hatte Dorothy Day vielfach – im Krankenhaus als Pflegerin, im Gefängnis als Insassin, in den Slums als ihrem Wohnort – erlebt. Aber erst ihr Übertritt zum Katholizismus brachte sie dazu, ein altes sozialistisches – und christliches! – Ziel zu realisieren, nämlich »in der Welt, aber nicht von der Welt« zu sein oder das neue Leben schon in der Schale des alten zu verwirklichen.

Ihr Verhältnis zu Besitz und Besitzlosigkeit hat eine Wurzel, die ich mystisch nennen möchte im weiten Sinn einer »mystique vécue«. Es ist nicht nur eine Art von frommer Selbstlosigkeit, die in der gelebten freiwilligen Armut erscheint. Das Freiwerden von jeder Form der Habgier gründet sich in dem Einssein mit Christus. Er ist es ja, der im Gesicht des Armen, der Prostituierten, des Kriminellen erscheint. Die Gegenwart Christi im Armen wird angenommen und verändert das Verhältnis zur Zeit; der Vorrang des Jetzt vor aller planbaren und voraussagbaren Geschichte ist eine Folge der Orientierung am Sein, nicht am Haben.

Was mich am tiefsten an Dorothy Day bewegt hat, habe ich erst nach ihrem Tode erfahren. Wie jeder Mensch, der nach Gerechtigkeit und Frieden hungert und dürstet, so geriet auch sie in Phasen der absoluten Erschöpfung, der Trauer, des Schmerzes. Das Wort »Verzweiflung« scheint mir nicht angemessen, aber sehr weit entfernt davon kann es nicht gewesen sein, was sie durchmachte. In diesen Zeiten, so wurde mir erzählt, habe sie sich zurückgezogen und geweint. Sie habe stundenlang, tagelang, ohne Gespräch, ohne Nahrung einfach dagesessen und geweint. Sie hat sich nie aus dem kämpferischen und aktiven Leben für die Ärmsten zurückgezogen, und sie hat nie aufgehört, den Krieg und die Kriegsvorbereitung als ein Verbrechen an den Ärmsten anzusehen. Aber sie weinte. Als ich das hörte, verstand ich etwas besser, was Gebet in der Mitte der Niederlage bedeutet; wie der Geist Menschen tröstet und zur Wahrheit führt, wobei eines nicht auf Kosten des andern geht und der Trost nicht mit dem Verzicht auf Wahrheit gekauft werden kann. Daß Dorothy Day tagelang weinte, bedeutet Trost und Untröstlichkeit zugleich. Sie wußte schon, warum sie, Teresa von Avila zitierend, so gern sagte: »Der ganze Weg zum Himmel ist Himmel.«

»Das Eis der Seele zu spalten«

Mich hat der Satz von Kafka »Ein Buch muß sein wie eine Axt, um das Eis der Seele zu spalten«, sehr fasziniert. Daß die Seele vereist ist, heißt ja nicht, daß sie tot ist oder nicht mehr da. Wohl aber, daß sie nicht mehr spricht oder singt. Die Seele ist eingefroren, und ein Wärmestrahl kann erst durchkommen, wenn ein Spaltungsprozeß eingetreten ist. Mir kommt es vor, als sei zwischen der Zeit Kafkas und unserer Zeit das Eis dicker geworden, undurchdringlicher. Vielleicht sind auch die Bücher ohnmächtiger geworden in ihrer Kraft, das Eis der Seele zu spalten *und* zu schmelzen – ich würde das ganz gern dazunehmen, weil ich mit dem Spalten allein nicht so glücklich bin. Das friert ja gleich wieder zu (wenn man im Bild bleibt)!

Ich denke, daß Poesie und Religion eigentlich mehr gemeinsam haben, als die beiden zur Zeit glauben – nämlich diese Fähigkeit, etwas freizulegen, was da ist, aber unbekannt bleibt oder sich nicht heraustraut. Es ist eine persönliche Erfahrung, die ich sehr oft mache, daß vor allem Frauen mir sagen nach einem Vortrag: »Ja. Was du erzählt hast, das hab' ich genauso erlebt. Ich konnte das nur nicht so ausdrücken. Aber jetzt versteh' ich das besser.« Das ist für mich ein hohes Lob.

Bei diesem Spaltungsprozeß ist immer auch eine Erinnerung beteiligt. Die Erfahrung, die ein Stück Literatur, auch ein Stück lebendiger Theologie transportiert, ist wie ein Anklopfen an die Tür der Erinnerung: „Das war doch bei dir auch so. Das kennst du doch. Damals, als deine Mutter starb . . .« Oder: »Als dein Kind geboren wurde . . .« Elementare Erfahrungen werden wachgerufen, wenn sie in einer nicht-trivialen Sprache artikuliert werden. Ich empfinde schon einen klaren Unterschied zwischen totaler Trivialität und einer Sprache, die öffnet und gibt. In der Philosophie gibt es dafür das Wort »Transzendenz«. Eine nicht-triviale Sprache hat diese Fähigkeit zu öffnen, uns bestimmten Zwängen zu entreißen, uns freier zu machen – eben uns transzendieren zu machen. Nicht eine gegenständliche »zweite« Welt, die man das »Jenseits« nennt, nicht eine »Über«welt, eine »Unter«welt, nicht etwas, was bestimmten Manipulationen erreichbar ist, meine ich, sondern vielmehr die Fähigkeit zu transzendieren, den Akt selber. Der wird in wirklicher Poesie und in wirklicher Theologie – oder, wie ich lieber sagen würde, in wirklicher Theopoesie erreicht. Wir erinnern uns unserer eigenen Kraft, unseres Einsseins mit der Welt, an das, was wir »Gott« nennen. Unser Nicht-abgetrennt-sein, Paulus sagt das klassisch, sehr schön: »Nichts kann uns scheiden von der Liebe Gottes« (Röm 8,38). Weder Tod noch Leben, weder Gefangenschaft noch Sexismus, weder Patriarchat noch Militarismus usw. . . – ich würde da alles hinzufügen, was uns zerstört. Dieses »Nichts kann uns scheiden . . .«, dieses Grundgefühl gehört in das Herz von Religion. Es ist eine mystische Grunderfahrung, und – ich glaube – auf sie zielt auch die Sprache wirklicher Poesie. Sie beheimatet uns dort, wo wir noch nie waren, und befreit uns aus den Gefängnissen, auch aus denen, die wir vielleicht noch nicht mal entdeckt haben. Von den Vorurteilen, in denen wir leben, von den Zwangsvorstellungen, von den uns bekannten und den nicht so bekannten Ängsten. Da öffnet sich in der Sprache ein Stück Freiraum von Heiterkeit und Klarheit, den ich in großer Poesie und in großer Theologie immer wieder finde. Vielleicht ist mein Bild von der Gemeinsamkeit beider zu idealistisch, zu optimistisch. Ich empfinde dieses Heraustreten aus dem Voraussagbaren, dem Erwartbaren, dem Normalen in diesem Sinn. Es ist ja nicht normal, daß Blinde sehend werden, aber es passiert. Es ist ja auch nicht normal, daß Taube plötzlich hören, und trotzdem ereignet es sich – gerade als das, was jedes Stück poetischer Sprache und auch jedes Stück wirklicher religiöser Sprache leistet. Darin sehe ich die größte Konvergenz zwischen beiden.

Wir gehören nicht uns selber

Wer bin ich? Ich gebe diese Frage zurück an den, der vor mir da war, an das Geheimnis des Lebens. Das Leben habe ich geliehen, es ist mir einmal geliehen worden, ich habe es nicht in der Hand. Es gibt Situationen, in denen ich mich, meine Identität vergesse. Ich werde namenlos. Aber mein Name ist in das Buch des Lebens geschrieben, wenn auch nicht von mir.

Nach der biblischen Vorstellung ist es so, daß wir alle – in Adam, wie man dann sagt – vom Baum der Erkenntnis gegessen haben und wissen wollen, was gut und böse ist. Da ist aber noch ein anderer Baum im Garten Gottes, das ist der Baum des Lebens. Von ihm haben wir nicht gegessen; wir haben Erkenntnis, aber kein Leben zu eigen. Wir gehören nicht uns selber.

5

»Damit es Leben in Fülle für alle gebe«

Der Geist der Befreiung

Ich habe auf vielen Reisen, aber vor allem auf einer, die mich zweieinhalb Monate lang durch sieben Länder Lateinamerikas führte, versucht, Zeichen der Hoffnung zu entziffern, auch wenn der Wind ihre Spuren schon verweht hatte. Ich habe Gespräche geführt, mir Geschichten erzählen lassen, bei Diskussionen die einfachsten Fragen immer wieder gestellt, zugehört und hingesehen, soweit es mir möglich war: sicher nicht genug.

Ich habe Geschichten von der Befreiung von der alles beherrschenden Gewalt zu entdecken versucht. Die wirkliche Geschichte der Freiheit ist eine Geschichte der Gewaltfreiheit im doppelten Sinn: von gewaltfreien Räumen des Lebens und gewaltfreien Methoden, sie zu schaffen. Jetzt, Monate später, denke ich, daß ich dieser Geschichte wegen umhergefahren bin. Aus einer Art spirituellem Hunger.

Hoffen um der Hoffnungslosen willen

Wenn ich über meine Begegnungen mit Menschen in Lateinamerika nachdenke, verdichtet sich mir ein Eindruck, mit dem ich schlecht leben kann. Meine Beobachtung sagt mir, daß die Leute um so hoffnungsloser waren, je intelligenter, gebildeter und wissender sie waren. Journalistinnen, Wirtschaftsfachleute, Universitätsprofessoren, Gymnasiallehrerinnen und andere Intellektuelle haben kaum Hoffnung auf eine wirkliche Veränderung. Ihr Wissen ist weithin Todeswissen, weil sie eben nicht mehr wissen, als daß die Lage tödlich ist. Ihre Lebensattitüde ist ein intelligenter Zynismus, der manchmal wie Asche noch Glut eines früheren Feuers enthält, oft aber auch ausgebrannt und kalt ist.

Hoffnung habe ich gefunden bei den an der Basis Arbeitenden, deren Überblick geringer, deren Analyse einfacher, deren Handlungsradius begrenzter waren. Ist es denn leichter, Hoffnung zu haben, wenn sie konkreter und begrenzter ist? Daß Marias zweites Kind nicht auch an Austrocknung sterbe, daß der Wassermarsch nur mit Tränengas, nicht mit Gewehrsalven in die Menge beantwortet werde, daß es gelinge, den einen nicht bestochenen Richter in der Stadt zu finden, sind solche geringen, auf das tägliche Brot zum Überleben bezogenen Hoffnungen. Aus der Perspektive der Armen betrachtet, ist die Hoffnungslosigkeit selbst eine Art von Luxus für die, die nicht in die Kämpfe verwickelt sind. Die nicaraguensische Schriftstellerin Gioconda Belli sagte auf einer Konferenz in Loccum, als sie mit der europäischen Hoffnungslosigkeit konfrontiert wurde, diese Art von Luxus könne sich in Nicaragua niemand leisten.

Ist die Hoffnungslosigkeit ein Luxus? Sind die Armen reicher – weil sie naive, falsche, illusionäre Hoffnungen haben? Hat Jean Bertrand Aristide recht, wenn er die Reichen als die bezeichnet, »die sich reich nennen, aber arm sind?« Ist das die Sicht Jesu, die wir lernen sollten?

Ich möchte in diesem Zusammenhang etwas über mein Verhältnis zu dem großen jüdischen Philosophen namens Karl Marx sagen. Er hat mich etwas gelehrt, das ich sonst nirgendwo in der gleichen Klarheit und Tiefe verstanden habe. Er verlangte unnachgiebig, Wissen und Hoffen miteinander zu verbinden: ein Wissen nicht als Wissen anzuerkennen, wenn es keine Hoffnungsperspektive enthält. Ein Hoffen sich nicht zu leisten, wenn es dem Wissen nicht standhält. Beide Imperative, der wissenschaftskritische, der sich weigert, die Gewalt für das letzte Wort zu nehmen, und der religionskritische, der mehr verlangt als den Traum von der Wahrheit, scheinen mir unaufgebbar. Und doch gebe ich sie de facto immer wieder auf; das in unserer Welt aufgehäufte ökonomische und ökologische Wissen riecht nach Tod. Der Glaube an ein Leben vor dem Tod versandet in Sehnsucht. Der Zwiespalt ist nicht auflösbar, Todeswissen und Lebenshoffnung verkrallen sich in mir.

Walter Benjamin sagte: »Nur um der Hoffnungslosen willen ist uns die Hoffnung gegeben.« Daß uns Hoffnung »gegeben« ist, verstehe ich im jüdischen Sinn. Uns ist eine Tradition überliefert, die davon erzählt, daß schon einmal Sklaven von ihren Fronvögten und Schuldeneintreibern frei wurden. Mit der Tradition von Gottes guter Geschichte mit den Armen kommt die Verheißung. Sie stirbt nicht an ihren Niederlagen, das sieht nur in der Perspektive der Beobachter so aus und stellt genau den spirituell tödlichen Luxus dar, den wir uns leisten. Aber das vertracktetste Wort in dem Benjaminschen Satz ist das Wörtchen »uns«. Ist *uns* denn etwas gegeben, sind *wir* nicht nur die Betrachter der Elendswelt? Also gerade die Beobachter, die nichts sehen, außer dem geplanten oder billigend in Kauf genommenen Tod der Armen?

Kein Zufall, daß die Hoffnung in all den Geschichten stärker, lebendiger ist, die sich aus der Tradition der Religionen – und nicht nur aus der Analyse – nähren. Die vielen Wundergeschichten der Evangelien lassen sich nicht zu einer Statistik möglicher Blindenheilungen machen. Die mündlichen Traditionen, aus denen das Neue Testament schöpft, müssen ähnlich klein, weltpolitisch unerheblich, provinziell gewesen sein. Die wenigen Wundergeschichten, die ich auftreiben konnte, schlagen nicht zu Buch. Aber die Menschen, die Wunder tun und Wunder entdecken, evangelisieren mich. Auch sie gründen ihre Hoffnung nicht auf Macht und Geld und nehmen mir die falsche Gewißheit der Werte, die wir für die höchsten halten. Sie lassen den Zynismus der Hoffnungslosen nicht zu.

Gott im Müll

»Achtung, Achtung! Bettler, Arbeitslose und Prostituierte, Straßenkinder, Propheten und alle, die Hunger haben, kommt her und nehmt euch die Reste von Glanz und Luxus, holt es euch aus der großen Abfallgrube, die dieses Land ist, und macht euch eure Kostüme aus Müll, braucht eure Fantasien ...«

Mit diesem Lied der Samba-Schule »Beija Flor« (Küß die Blume) liefen Narren durch die Karnevalsstraßen in Rio, Obdachlose, auch Jugendliche aus den Elendsvierteln, Intellektuelle, Künstler, Mittelschichtsleute. Sie waren verkleidet, hatten sich verwandelt, in kaputten und dreckigen Sachen, mit Müll geschmückt. Da gab es auch eine Statue des dreckigen Christus, ebenfalls in Lumpen wie die Menge. Aber der katholischen Kirchenhierarchie ging dies zu weit, sie dachte, es sei vielleicht zu subversiv, zu aufrührerisch. Und so wurde der Christus wegzensiert und verboten.

Die Leute von der Samba-Schule gaben nicht auf und dachten sich etwas anderes aus, weil sie zeigen wollten, daß man Christus auch in dem, was übrig bleibt, im Müll begegnen kann ... So bedeckten sie die aufgerichtete Statue mit einem schwarzen Trauertuch und hängten ihr ein Schild um: »Auch wenn es verboten ist, Christus, sieh in Gnaden auf uns herab!«

Frau doktor t in bolivien

Die alte ärztin hält sprechstunde ohne geld
und die leute mit durchfall tuberkulose und gelbsucht
bekommen medizin
und ratschläge für eßbare gemüse

Und damit ich sie nicht hemmungslos bewundere
sucht sie die ganze Zeit zwischenhin

murmelnd und brummend
ihre schlüssel zu finden zu probieren
ihren mitarbeitern zu erklären
wieviele schlüssel sie nachbestellen sollen

Mit zweiundachzig jahren
verwickelt sie die patienten
mit der schlüsselgeschichte
und kommt mir bald vor wie lukas der arzt
bald wie petrus den himmelsschlüssel verlierend

Aus tausend fältchen ihrer haut
scheint sie die menschen zu beobachten
und zu überlegen
wie könnte ich dich brauchen
wozu bist du nützlich
was könntest du zur verbesserung beitragen

So daß ich am ende einseh
wie viele schlüssel sie auch
verloren verwechselt vermasselt hat
den einen hält sie in ihren alten händen

Erinnerung an das Feuer

Es ist ganz und gar undenkbar, die lateinamerikanische Kultur ohne die »Erinnerung an das Feuer«, die wir Theologie nennen, zu verstehen. Denn es ist ja gerade in Lateinamerika, inmitten der Ausplünderung der Armen, der Folter der Subversiven und der raffgierigen Zerstörung der tropischen Regenwälder, daß Gott auf den schlammigen Straßen der Elendsviertel herumzieht, daß Männer und Frauen Zeugen Gottes werden wie nur selten in einer geschichtlichen Stunde, Zeugen der Liebe, Zeugen des Leidens um der Gerechtigkeit willen.

Christen in El Salvador – ich habe mit Katecheten und Priestern in Flüchtlingslagern und Elendsvierteln, mit einem lutherischen Bischof und einem Jesuitenprofessor, mit Müttern und Frauen der Verschwundenen geredet – sie haben vom leidenden Knecht Gottes gesprochen, indem sie von den Armen sprachen. Sie redeten aus einer inneren Kraft, die die Bibel die »Stärke der Schwachen«, die »Hoffnung gegen alle Hoffnung«, die »große Freude unter den Armen« nennt. Ich muß bekennen, daß ich das nicht ganz verstanden habe, daß ich mich oft dagegen wehre, mit rationalen, mit ökonomischen, mit psychologischen Instrumenten, mit denen meine Kultur mich ausgerüstet hat.

Was ich verstanden habe, ist, daß es eine Spiritualität gibt, die es nicht erlaubt, das Leben durch Geld und Gewalt zu definieren, einen Geist des Mutes, der Kraft, der Freude, die sich dieser zentralen Definition unserer Kultur – Geld und Macht – nicht unterwirft. Was ich nicht verstehe ist, woher sie die Freude nehmen, den Kampf und die Solidarität, woher diese Gewißheit der Armen, daß Gott bei ihnen ist. Was ich nicht verstehe, ist das Mysterium, das Geheimnis Gottes, es ist das Feuer, von dem ich, zweifelnde, von den Schatten überwältigte Frau in Europa, oft denke, daß es ausgelöscht werden kann.

Die Theologie der Befreiung ist eines der großen Geschenke der Armen Lateinamerikas an die Christenheit, auch an die Mittelklasse der reichen Welt, zu der ich gehöre. Es ist ein Geschenk, das sich nicht aufbraucht, es nährt mich, wie es die Armen nährt.

»Und der Dornbusch brannte mit Feuer, und war nicht verzehrt.« (2. Mose 3,2) So erfahre ich die Bilder, die Gebete, die Bibelauslegung, den Glauben dieser Theologie. Sie stellt ein Geschenk an die Weltkirche dar, auch wenn diese es noch nicht begriffen hat. Ich zögere etwas, einen großen Vergleich zu bemühen, aber mit der gebotenen historischen Vorsicht will ich sagen, daß die Theologie der Befreiung einen historischen Einbruch darstellt, der der Reformation des sechzehnten Jahrhunderts in Westeuropa, die die feudal-hierarchische Gestalt des Christentums ablöste, vergleichbar ist. Noch ringen die verschiedenen Gestalten der Kirche – Orthodoxie, Liberalismus und Befreiungstheologie – miteinander. Aber wir können die Zeichen der Befreiung erkennen: Blinde werden sehend, Lahme fangen an zu gehen, und den Armen wird ihre Würde zurückgegeben. Der Gott der Armen erscheint, und in dieser Epiphanie Gottes entfaltet die christliche Religion ihre revolutionäre Kraft, diese Religion, die für viele innerhalb der Ersten Welt ein steriles, unverständliches Brimborium, eine Zwangsjacke verlogener Moral, ein veraltetes Opium des Volkes war, das indessen längst durch das neue Opium der Mittelklasse, die Psychologie, abgelöst ist, diese Religion ist lebendig in den neuen sozialen Bewegungen für Frieden, Gerechtigkeit und die Integrität der Schöpfung.

Im Norden Nicaraguas traf ich einmal eine Frau, vor einem riesigen Bottich mit Kaffeebohnen stehend, ein Feuer brannte, und sie rührte mit einer Latte in den Kaffeebohnen herum, barfuß, von vielen Geburten breit geworden, mit großem Schwung in den Bewegungen. Sie war Katechetin, barfüßige Theologin, die andere unterrichtete, obwohl sie selber Mühe mit dem Lesen hatte. Einer in unserer Gruppe fragte sie, ob die Leute, die anderen, die Männer, ihr denn glauben würden, wenn sie von Christus, vom Kampf, von Gott erzählte. Sie spürte den Zweifel in dem Frager, stemmte die freie Hand in die Seite, hob die Latte scherzhaft drohend und sagte: »Und du? Glaubst du mir? Glaubst du mir etwa nicht?« Alle lachten. Es war eine erhellende Antwort: Sie hatte keine credentials, kein Diplom, keine Autoritätsbeweise, sie hatte nur sich, ihre Hände, ihr Feuer und den Kaffee der comunidad. Ich hörte sie sagen: »Und du, glaubst du etwa nicht an den Gott der Armen? Betest du immer noch den Gott der Reichen an?«

Das Wichtigste, das ich von den Armen gelernt habe, erkenne ich in aussichtslosen Kämpfen, in die wir hierzulande verstrickt sind. Wir analysieren zwar, wie die internationalen Finanzeliten weiter Hunger und Elend produzieren, aber wer will das hören? Wir kämpfen zwar gegen jedes neue Kriegsspielzeug, das unsere Herren für notwendig und gewinnbringend halten, aber die Militarisierung nicht nur ganzer Landstriche, sondern auch der Gehirne, schreitet weiter fort. Viele lassen sich mit Tränengas und Knüppeln behandeln, um wenigstens einen Teil dieser Schöpfung zu erhalten.

In all diesen Kämpfen besteht die größte Gefahr für uns darin, müde zu werden und aufzugeben, uns ablenken oder bestechen zu lassen, in Abhängigkeit von Drogen, Alkohol oder Wohlstand zu verfallen, uns zu entpolitisieren, weil wir uns dem Götzen der Unterdrückung unterwerfen, der bei uns mit sanfter Stimme säuselt: »Man kann ja doch nichts machen.«

Von den Armen Lateinamerikas lerne ich das Hoffen, ihre Zähigkeit, ihren Zorn und ihre Geduld. Ich lerne eine bessere Theologie, in der Gott nicht Herr-über-Uns, sondern Kraft-in-Uns ist. In der die Wunder Jesu nicht von unseren unterschieden werden, auch wir treiben Dämonen aus und heilen Kranke. Ich lerne Vertrauen in das Volk Gottes. Ich überwinde die Skepsis, die falsche Versöhnlichkeit und die kurzfristigen illusionären Hoffnungen. Ich übe mich ein in den Verrat an meiner eigenen Klasse. Ich verlasse ihre spirituelle Apartheid und bewege mich auf die Befreiung aller hin. Ich gewinne Anteil, ich gehöre dazu. Ich bin weniger allein. Ich fange an, nach Gerechtigkeit zu hungern und zu dürsten. Ich werde evangelisiert, und ich singe mit vom neuen Menschen: »Creadores de la historia, constructores de nueva humanidad – Schöpfer der Geschichte, Erbauerinnen neuer Menschlichkeit.«

La casa de ernesto cardenal

Das haus hat eine stille
    auch wenn das fernsehen dudelt
    und der regen aufs garagendach trommelt in der nacht
    und die hühner schreiend ins zimmer stürzen
dein haus hat eine stille

Das haus ist voll zärtlichkeit
auch wenn ich wachliege wartend
daß einer mich willkommen heiße
und mich krümme verlassen in der hängematte
dein haus ist voll zärtlichkeit

Das haus tröstet mich
auch wenn es die angst nicht nimmt
daß sie morgen ihren krieg herbringen
die heute schon foltergerät testen
dein haus tröstet mich

Das haus beherbergt das buch
in dem selig sind steht
die die armut wählen
die partei der verarmten
dein haus beherbergt mich

Das haus versteckt etwas
wie alle häuser der liebe
als könnten die schaukelstühle
und die steine im innenhof
ein geheimnis verraten
das ich nicht kenne ernesto
aber zum leben brauche

Leben in seiner Fülle: Rede in Vancouver

Liebe Schwestern und Brüder,

ich spreche zu Ihnen als eine Frau, die aus einem der reichsten Länder der Erde kommt; einem Land mit einer blutigen, nach Gas stinkenden Geschichte, die einige von uns Deutschen noch nicht vergessen konnten; einem Land, das heute, 1983, die größte Dichte von Atomwaffen in der Welt bereithält. Ich möchte Ihnen etwas sagen über die Ängste, die in meinem wohlhabenden und militaristischen Land herrschen; ich spreche zu Ihnen aus Zorn, in Kritik und mit Trauer. Dieser Schmerz über mein Land, diese Reibung an meiner Gesellschaft kommt nicht aus Willkür oder weil ich sonst nichts Besseres zu tun hätte, er wächst vielmehr aus dem Glauben an das Leben der Welt, das mir in dem armen Mann aus Nazareth begegnet ist, der weder Reichtum noch Waffen besaß. Dieser arme Mann stellt das Leben der Welt vor unsere Augen und weist uns auf den Grund des Lebens hin, auf Gott. Christus ist die Exegese Gottes, die Auslegung, die uns verstehen macht, wer Gott ist (Joh 1,18).

Ich meine das nicht im Sinne eines religiösen Imperialismus, als gäbe es keine anderen Auslegungen Gottes in anderen Religionen, wohl aber im Sinne einer unbedingten Verpflichtung, uns auf diesen Jesus Christus einzulassen, wenn wir das Leben der Welt und nicht den Tod suchen.

Christus kam in die Welt, damit alle Menschen »Leben haben und es in Fülle haben«, oder in einer anderen Übersetzung, damit »sie leben können und im Überfluß finden, was sie brauchen« (Joh 10,10). Was ist dieses »Leben in seiner Fülle«? Wo findet es statt? Wer lebt es denn? Ich sehe zwei Formen seiner Zerstörung in unserer Welt, *äußere Armut und innere Leere.*

Leben in seiner Fülle ist in der absoluten erzwungenen Armut unmöglich. Aber auch innerhalb der Ersten reichen Welt gibt es wenig erfülltes Leben und statt dessen eine sich immer weiter ausbreitende innere Leere. Nicht materielle Verelendung, sondern psychische Leere schiebt sich hier zwischen Christus und die Mittelklasse der Ersten Welt.

Im Evangelium steht die Geschichte von dem reichen Jüngling, der scheinbar die Fülle des Lebens in Gestalt vieler Güter besitzt und der doch von der inneren Leere seines Lebens eingeholt wird. Es geht ihm gut. Er hat, was er braucht, und noch viel mehr. Aber er fragt über dieses Haben und Zufriedensein hinaus: Was soll ich tun mit meinem Leben? Was kann ich tun, damit mein Leben eindeutiger, radikaler, unzersplittert, ohne Kompromisse ist? Wie komme ich aus der Halbheit meiner Existenz heraus?

Ich habe einen Brief gesehen, der von einem Bruder des reichen Jünglings stammen könnte, einem normalen Menschen aus der weißen europäischen Mittelklasse. Dieser Mann schreibt:

»Ich bin 35 Jahre alt, Beamter in guter Position, verheiratet. Wir haben zwei Kinder. Unsere Ehe ist soweit harmonisch. Mit den Kindern geht es gut. Ich habe alles, was ich brauche, einen sicheren und gutbezahlten Beruf, daheim ist alles in Ordnung. Aber in der letzten Zeit fühle ich mich trotzdem nicht wohl. Ich fühle mehr und mehr mein Leben leer. Mir fehlt etwas, aber ich weiß nicht, was. Manchmal denke ich, daß ich alles hinschmeißen und abhauen sollte. Aber dazu habe ich keine Kraft. Man kann ja nicht alles aufgeben, was man sich aufgebaut hat.« Der Brief endet mit der Frage: »Was soll ich tun?«

Ich sehe diese beiden Gesichter vor mir, den Beamten aus Westdeutschland und den reichen Jüngling aus dem Neuen Testament. Sie haben alles, was sie brauchen, und doch fehlt ihnen alles. Sie gehören nicht zu den harten männlichen Erfolgstypen, sie sind nicht brutal, eher schwächlich. Sie haben ihre Stellung und ihren Reichtum nicht erworben, indem sie getötet und gestohlen haben, indem sie andere Menschen verleumdet oder mit Tricks ausgebootet haben. Sie sorgen wahrscheinlich für ihre Eltern und mißhandeln ihre Frauen nicht. Sie sind höflich und allen Radikalismen abgeneigt. Beide wollen etwas mit ihrem Leben, sie wollen das Ewige Leben erwerben. Sie wollen ganz sein, unzerstückelt leben und etwas von dem Glanz der Fülle widerspiegeln. Aber ihr Leben hat keinen Glanz. Es leuchtet nicht. Da ist die Leere, und dahinter sitzt der gestreckte Tod.

Der Evangelist Markus sagt, daß Jesus den reichen Jüngling ansah und ihn liebhatte (Mk 10,21). Jesus will ihn und uns alle zu mehr Leben verlocken als zu dem, was wir bisher haben. Auch dieser reiche junge Mann könnte zur Fülle des Lebens kommen. Er weiß sogar, daß ihm etwas fehlt, daß er mehr vom Leben zu erwarten hat. Und doch ist etwas grundfalsch an seiner Idee vom Ewigen Leben. Er meint: Ich habe alles, und ich habe mich an alle Vorschriften gehalten, nur noch eins fehlt:

der Sinn des Lebens, die Erfüllung. Wenn das noch dazukommt, ist alles gut.

Jesus kehrt diese Erwartung um: Du hast nicht zuwenig, sondern zuviel. »Verkaufe alles, was du hast, und gib es den Armen. Dann komm und folge mir nach. So wirst du einen Schatz im Himmel haben« (Mk 10,21).

Viele Menschen in der Mittelklasse sind heute auf der Suche nach einer neuen Spiritualität. Sie wollen zu dem, was sie schon haben, Ausbildung und Beruf, Erziehung und gesichertes Einkommen, Familie und Freunde, noch etwas mehr haben. Die religiöse Erfüllung, der Sinn des Lebens, die Speise der Seele, der Trost – das alles soll zusätzlich zur materiellen Sicherheit noch dazukommen. Eine Art religiöser Mehrwert für die, die eh schon überprivilegiert sind. Sie suchen die geistliche Fülle des Lebens zusätzlich zur materiellen, den Segen von oben zusätzlich zum Reichtum.

Aber Jesus weist diese fromme Mittelklassenhoffnung zurück. Die Fülle des Lebens kommt nicht, wenn du schon alles hast. Wir müssen erst leer werden für Gottes Fülle. Gib das weg, was du hast, gib es den Armen, dann hast du gefunden, was du suchst. Die Geschichte vom reichen Jüngling endet in Trauer. Trauer bei dem jungen Mann, denn er ist sehr reich und geht davon. Vielleicht wird er depressiv, vielleicht wird er demnächst anfangen zu trinken, vielleicht wird er einen Autounfall produzieren. Er hat sich von Jesus nicht zu mehr Leben, zur Fülle des Lebens, zum Verteilen des Lebens verlocken lassen.

Die psychische Leere der Reichen ist Folge der wirtschaftlichen Ungerechtigkeit, von der sie profitieren. Wir haben ein System gewählt, das auf Geld und Gewalt aufbaut. Der reiche Jüngling wird in Depressionen verfallen. Er kann nichts an seinem Leben ändern, er kann sein Leben nur sichern. Er wird es immer sicherer machen müssen, damit man ihm nichts wegnehmen kann.

Jesus hat versucht, dem reichen jungen Mann den Bruch mit der eigenen Welt, mit ihren Anschauungen und Werten und mit der eigenen sozialen Klasse der Privilegierten nahezulegen. Christus stellt uns vor die gleiche Frage: Wie lange werden wir noch in der Ausbeutungs- und Unterdrückungsordnung dieser Welt mitmachen, Nutznießer und Komplizen des Systems sein, das beherrscht ist von dem »Dieb, der kommt, um zu stehlen, zu töten und zu verderben«? Für mein eigenes Land ist diese Frage heute ein wenig leichter zu beantworten als noch vor drei Jahren.

Ich muß ehrlich sagen, ich hätte nicht gedacht, daß aus traditionellen Kirchen, die ich oft als ein Grab Christi empfunden habe, so viel Befreiung und Leben hervorgehen kann. Aber Gott schafft sich aus Steinen Söhne und Töchter, die zum Frieden anstiften, und warum nicht auch aus den Gemeinden?

Vor einigen Jahren haben sich viele der nachdenklichsten Menschen, die ich kenne, in die Dritte Welt gesehnt, weil die Kämpfe dort klarer, die Fronten eindeutiger, die Hoffnungen unmittelbarer sind. »Ich wünschte, ich wäre in Nicaragua«, schrieb mir ein Student, »da wäre das Leben als Christ möglich.« Vielen von uns erschien es so, als könne man Christus nur an der Seite der Armen finden und nicht im Kontext der Ersten Welt. Ich vermute, in dieser Sache hat sich etwas geändert. Wir leben nicht in El Salvador, aber unter der Herrschaft der NATO. In ihren Planungsbüros wird über unser Leben und das anderer Völker entschieden. Dort werden die falschen Götzen angeboten, und dorthin gehört unser Kampf. Unsere historische Aufgabe ist der Kampf für den Frieden und gegen den Militarismus. Das ist unsere Teilnahme an den Befreiungskämpfen der Dritten Welt. Niemand, der sich mit den Armen verbunden fühlt, hat heute noch Grund zu verzweifeln und sich in sinnlose Akte der Zerstörung und der Selbstzerstörung zu stürzen. Seit der neuen Hochrüstung, die die Gewaltherrschaft des Terrors verewigen soll, wissen wir, wo unser El Salvador ist. Unser Vietnam. Unser Soweto. Unser Befreiungskampf und unsere Konversion von Geld und Gewalt zu Gerechtigkeit und Frieden. Paulus nennt die »Fülle des Lebens« auch »die Klarheit Gottes, die sich in uns allen spiegelt mit aufgedecktem Angesicht« (2 Kor 3,18), und diese Klarheit finden wir in den Gesichtern, die sich zur Gerechtigkeit und zum Frieden bekehrt haben.

Ein befreiendes religiöses Bewußtsein der Frauen

Feministische Theologie ist eine Art von Befreiungstheologie und gehört in den großen Zusammenhang heutiger Theologie, die sich unter dem Stichwort Befreiung, Liberación, versteht und aus einer ökumenischen weltweiten Bewegung von Christen hervorwächst, die nicht mehr bereit sind, das bestehende Weltunrecht mit Theologie und Glauben zu versöhnen oder zu vermitteln; die es sich nicht länger erlauben, das Unrecht zu bemänteln oder es theologisch auf eine höhere Ebene zu projizieren. Das Evangelium fordert uns dazu heraus, die Ungerechtigkeit provokativ aufzudecken und anzugreifen, zu bekämpfen, was ist. Befreiungstheologie ist in diesem Sinne »kritisch«. Sie hat sich artikuliert in ihren Vorläufern in Europa als kritische Theologie, nicht als affirmative; als politische Theologie, nicht als eine solche, die meint, man könne irgend etwas theologisch sagen und dabei a-politisch sein, und nun als feministische Theologie, die den uns beherrschenden Sexismus nicht verschweigen kann. Wir brauchen Reue, die Unterdrücker, aber auch die, die sich allzulange unterdrücken ließen. In all diesen Ausdrücken, die wir benutzen, um Theologie zu beschreiben, ist Kritik enthalten an der Vorstellung einer a-politischen Theologie und an dem weithin vollständig unbewußten Sexismus in ihr. Unter Sexismus, das Wort ist dem Wort »Rassismus« nachgebildet, versteht man diejenige Sprach-, Denk- und Verhaltensweise, in der ein Geschlecht aufgrund seiner Geschlechtsmerkmale diskriminiert, verdammt und beschädigt wird.

Befreiungstheologie, die der Rahmen auch für feministische Theologie ist, beginnt mit einer neuen Übersetzung des griechischen Wortes »soteria«, das ursprünglich den Sinn von Rettung aus Lebensgefahr, aus dem Gefängnis, aus Seenot undsoweiter gehabt hat und traditionellerweise mit »Erlösung« wiedergegeben wurde. Nun aber wird es verstanden als Befreiung, Erlösung ist Befreiung. Christus ist der Befreier. Seine Botschaft vom Reich Gottes wird verstanden als Botschaft vom Aufbau einer Welt, in der Gerechtigkeit und infolgedessen auch Frieden möglich sein wird. Der Befreier erscheint in diesem Zusammenhang nicht senkrecht von oben als einer, der uns von einem schlechten in einen besseren Zustand versetzt, wie Erlösung weithin verstanden wurde, sondern er ist Repräsentant der Befreiungsbewegungen von Menschen, die an ihrer Befreiung arbeiten. In seinem Geist und mit seiner Stärkung gelangen sie in den Prozeß der Befreiung. Es ist wichtig, sich das klarzumachen. Wenn Erlösung nur die Tat eines ganz anderen ist an Unerlösten, so versteht sich Befreiung als eine Art Kooperation zwischen Christus und den Menschen. In diesem Sinn hat Befreiungstheologie eine gewisse antiprotestantische Spitze, weil die co-operatio dem traditionellen protestantischen Prinzip des »sola gratia«, allein aus Gnaden, widerspricht. Befreiung kann nicht verliehen werden wie ein Gnadengeschenk, das man jemandem gibt; weder Völkern noch sozialen Klassen, noch dem unterdrückten Teil der Menschheit kann Befreiung geschenkt werden, ohne daß die Betroffenen Anteil an der Erarbeitung der Befreiung haben. Der Begriff der Befreiung setzt Partizipation im Kampf voraus. Mao Tse-tung sagte nicht nur: »Die Frauen tragen auf ihren Schultern die Hälfte des Himmels«, sondern fügte hinzu: »und sie müssen sie erobern«.

Befreiung wird bei uns zu oft mißverstanden als eine ganz eindimensionale, politisch-ökonomische Angelegenheit. Ich möchte dagegen gerade im Sinne feministischer Theologie die Mehrdimensionalität der Befreiung betonen. Unter Befreiung verstehen wir ein Ereignis oder einen Prozeß, der nicht nur ökonomisch begriffen werden darf, sondern mehrere Dimensionen hat. Ein Grundsymbol der Befreiungstheologie ist der Exodus des Volkes Israel aus Ägypten. Das hat eine ökonomische Dimension: Da waren Sklaven, denen befohlen wurde, die doppelte Menge Ziegel zu brennen, ihre Löhne wurden also um die Hälfte gekürzt. Das Exodusereignis hat eine politische Dimension: Da war ein unterdrücktes Volk, das in seinem nationalen Führer Mose seine Einheit fand und der Sklaverei entkam. Es hat eine soziale Dimension, daß dieses Volk zusammenwuchs in dem Befreiungskampf; es hat eine psychologisch-kulturelle Funktion, daß nämlich die Israeliten merkten, daß sie die Lieder ihres Gottes innerhalb der Unterdrückung in Ägypten nicht singen konnten, da innerhalb der Unrechtskultur auch ihre Religiosität beschädigt war. In diesem Sinne hat Exodus auch eine religiöse Dimension. »Coming out« ist eine gegenwärtige Version des Exodusthemas: Homosexuelle Frauen und Männer bekennen sich öffentlich zu ihrem Anderssein und verlassen das Gefängnis der heimlichen Duldung.

Befreiungsereignisse sind mehrdimensional. Ich will dazu nur eine Anekdote aus Nicaragua erzählen, die von einer Frau handelt, die ein wenig von dem zeigen kann, was Befreiung heute bedeutet. Reporter sind in ein kleines Dorf gekommen, in dem die Alphabetisierungskampagne stattfand. Eine alte Frau stand da von 70 Jahren, und ein Reporter hat sie gefragt: »Können Sie lesen?« Sie hat ihn angeschaut, gestrahlt und ganz langsam gesagt: »Noch nicht.« Befreiung hat mehrere Dimensionen, und genau diese Dimension, daß Leute, die in unserer Gesellschaft als überflüssig und unbrauchbar angesehen werden, plötzlich noch die Chance bekommen, etwas zu lernen, auch wenn das volkswirtschaftlich gar keinen Ertrag mehr bringen kann, ist eine kulturell-religiöse Bedeutung der Befreiung. Unter Feminismus verstehe ich den bewußten Teil der Frauenbewegung, der nicht nur für Gleichberechtigung kämpft, sondern für eine andere, neue Kultur.

Feministischer Glaube und Theologie versteht Praxis als das Erste, Theorie und Theologie als einen zweiten reflexiven Schritt. Daß man nicht bei der Theologie anfangen kann, sondern beim Glauben, ist ein allgemeiner Grundsatz der Befreiungstheologie, den Gustavo Gutiérrez herausgearbeitet hat. Das traditionelle Verhältnis von Theorie und Praxis muß umgekehrt werden. Die hierarchische Ordnung, in der die Theorie das Feinere ist, das, was meistens die Männer machen, die Kopfarbeit, und in der die Praxis dann für das Volk, die Frauen, die Sekretärinnen übrigbleibt, ist eine zerstörerische Art von Arbeitsteilung. Feministische Theologie besinnt sich methodisch zurück auf andere Fähigkeiten als die der Abstraktion und der Zusammenfassung. Das Interesse ist nicht neue Dogmenbildung. Das Interesse ist Narration, Erzählung. Narrative Theologie ist ein methodischer Ausdruck dieses neuen Bewußtseins, nämlich, daß man bestimmte Dinge klarer bekommt, mehrdimensionaler, wirklicher, unter die Haut gehend, wenn man sie erzählt, statt daß man sie, sozusagen, auf den Begriff bringt und verkürzt. Deswegen ist für die Frauenbewegung das Erzählerische, dieses narrative Element, außerordentlich wichtig. Die Amerikanerinnen haben dafür ein Wortspiel, das einen humanistisch Gebildeten erschreckt; sie sagen: Wir brauchen nicht *His*tory, wir brauchen *Her*story, auch dann, wenn wir Gottes Geschichte mit uns zu erzählen versuchen, die Geschichte Gottes und ihrer Freunde.

Gott unsere Schwester

Wenn es zutrifft, was Meister Eckhart sagt, daß wir »durch Bilder die Bilder auszutreiben« haben, dann können wir heute eine Stelle in der Frömmigkeitsgeschichte benennen, wo dies konsequent und kreativ geschieht: Das ist die feministische Theologie. Frauen fangen heute an, Gott zu benennen, nicht in der Sprache der Väter oder der Söhne, sondern in ihrer eigenen. Sie brauchen keinen Vormund, der ihnen die Wörter, die Namen und die Bilder vor-spricht, weil sie selber anfangen zu sprechen. Das Göttliche muß verstanden werden in den Kategorien einer in sich harmonischen, aber dynamischen Beziehung von Gegensätzen: allgegenwärtig und verborgen, allmächtig und ohnmächtig, Mutter und Vater.

Allah hat neunundneunzig Namen, das bedeutet, daß *ein* Name für Gott nicht genug ist, ja, in die Irre führt! Gott mit *einem* Wort nennen zu wollen ist ein Versuch, ihn zu beherrschen und ihn in das Reich des Verfügbaren zu bringen. Darum weist Jahve dem Mose gegenüber das Ansinnen, sich durch einen Namen bekanntzumachen, zurück und sagt: »Ich werde sein, der ich sein werde« (2. Mose 3,14). Besser, weil das Element der Freiheit, der Unverfügbarkeit besser zum Ausdruck bringend, übersetze ich diesen hebräischen Satz heute mit: »Ich werde sein, die ich sein werde.«

Gott übersteigt Gott, wie die Prozeßtheologen sagen. Wie jeder gute theologische Satz, so hat auch dieser einen kritischen, einen ausschließenden Sinn und lautet dann: Ein Gott, der Gott nicht übersteigt, ist nicht Gott. Gott, gefangen in einer bestimmten Sprache, definiert durch bestimmte Definitionen, bekannt unter Namen, die bestimmte sozio-kulturelle Herrschaftsformen etabliert haben, ist nicht Gott, sondern wird eine religiöse Ideologie. Namen können zu Gefängnissen Gottes werden! »Darum bitte ich Gott«, sagt Meister Eckhart, »daß er mich quitt mache Gottes.« Das ist keine Ketzerei, sondern die Bitte um Befreiung aus dem Gefängnis einer Sprache, die zu klein ist für Gott. Darum bitte ich Gott meine Mutter, so verstehe ich Eckhart heute, daß sie mich quitt mache des Männergottes.

Ein Symbol, das nicht mehr als ein Symbol verstanden wird, sondern als die Sache selbst, ist ein Gefängnis. Das ist mir aufgegangen, als ich zum erstenmal das Vaterunser so gebetet habe: »Vater und Mutter unser im Himmel, geheiligt werde dein Name . . . « Es war, als wenn jemand in einem Ferienhaus die Fenster aufmachte: Licht fiel ein, Luft strömte, der lange Winter war zu Ende. Es war nicht so sehr der neue Name Gottes (Mutter unser), der mich stärkte, als das Bewußtsein, eine Grenze zu überschreiten, ein Gefängnis zu verlassen. Vater allein, so empfand ich, ist ein totes Wort. Vater und Mutter ist eine Einladung, mehr Namen Gottes suchen zu gehen. Gott wurde sagbarer. Vater- und Mutterunser öffnete sich zu Schwester, zu Freundin, zu compagnero . . . Meine vom Patriarchat gefesselte Phantasie wurde frei.

Wie Liebende nicht müde werden, füreinander neue Namen zu erfinden, so ist es auch in der Beziehung zur Liebe selbst, zu Gott. In der lebendigen Beziehung deckt der Name nicht eine Sache ab, wie das Wort »Tisch« eine bestimmte Funktion abdeckt. Es gibt einen Tod der Formeln, der auf die abgestorbene, von den Religionsbeamten »verwaltete« Beziehung hinweist, die dann so benannt ist, daß sie keinen anderen Namen mehr braucht. In diesem Sinn kann man sagen, daß Gott an der Gewohnheit stirbt, »ihn« Gott zu nennen.

»Im Namen Gottes, der uns Vater und Mutter ist, im Namen Jesu, der unser Bruder und Heiland ist, und im Namen des Heiligen Geistes, der uns tröstet und der uns Mut macht!« In dieser liturgischen Eingangsformel, die ein mir befreundeter Pfarrer allsonntäglich braucht, hat der »Name« eine neue Bedeutung: Er ist ein Befreiungs- und nicht ein Herrschaftselement. Er deckt nicht etwas Bekanntes namentlich ab, sondern er tut, was alle lebendige Sprache tut: Sie lädt ein, mehr zu kommunizieren, mehr mitzuteilen, über die Grenzen des jetzt schon Gesagten hinauszugehen. Ein Name ruft den anderen, und jeder neue Name Gottes ruft andere und mehr Namen hervor. In diesem Sinn soll der Gottesname »Mutter von uns allen« nicht den Vaternamen ersetzen, wie manche fürchten; er relativiert ihn aber.

Im Gegensatz zu anderen religiösen Traditionen des Ostens und des Westens, ist es ein Merkmal der drei monotheistischen Religionen Judentum, Christentum und Islam, daß in ihnen die weibliche Symbolik für Gott fehlt. Der Gott Israels teilte seine Macht mit keiner weiblichen Gottheit – anders als in vielen gleichzeitigen religiösen Traditionen im Nahen Osten. Jahve war auch keiner Göttin Gemahl oder Geliebter. Die biblischen Symbole für ihn sind zum Teil männlich; er ist König, Herr, Meister, Richter und Vater. Und doch heißt es bei Jesaja »Wie einen seine Mutter tröstet, so will ich euch trösten« (Jesaja 66,13). Bilder von Gott, der »das geknickte Rohr nicht zerbrechen will« (Jesaja 42,3) oder von dem Sperling, der »ein Haus gefunden hat und die Schwalbe ein Nest für sich, darein sie ihre Jungen gelegt hat: deine Altäre . . .« (Psalm 84), weisen hin auf eine andere, nicht androzentrische Sprache, auch innerhalb der Bibel.

In einem Lied aus der amerikanischen Frauenbewegung, das einem kleinen Mädchen gilt, heißt es: »Möge der warme Wind dich streicheln, möge Gott lächeln, möge sie dich segnen.« Wärme, Weichheit, Zärtlichkeit, Geborgenheit, Gefühlsreichtum sind Züge Gottes – auch wenn sie in unserer Kultur auf die Frau projiziert wurden, an die Frauen delegiert und damit degradiert wurden. In öffentlichen Diskussionen erlebe ich oft, daß ein Mann mich als »emotional« beschimpft, es klingt für mich so, als sei er auch noch stolz auf seine emotionale Unterentwicklung. Ich empfinde das als ein Zeichen gestörter Religiosität, vielleicht sind diesem Mann Gott unsere Mutter, Gott unsere Schwester noch nie begegnet.

In der religiösen Frauenbewegung gibt es aufgrund der zerstörerischen frauenfeindlichen Tradition des Christentums eine Spaltung zwischen den »nachchristlichen« spirituell bewegten Frauen, die ihre Gottesnamen oft aus anderen Religionen beziehen und die große Demeter, die Mutter Erde, die Gaia oder andere Symbole von Wärme, Ganzheit, Fruchtbarkeit in den Mittelpunkt stellten. Sie können ihre Gotteserfahrung nicht mehr im Rahmen der jüdisch-christlichen Religion ausdrücken. Andere, zu denen ich gehöre, verstehen das Christentum als eine Befreiungslehre, die auch von der Vorherrschaft von Männern über Frauen befreit. Wir glauben, daß Gott, auch der jüdisch-christliche, mehr ist, als in männlichen Bildern zu fassen ist. Wir versuchen neu und anders von Gott zu reden, ohne uns selber zu verleugnen, zu zerstören oder an die Männer anzupassen.

Ich will ein Beispiel aus der Geschichte dieser neu entstehenden Spiritualität erzählen: Vor kurzem war ich in einer Gruppe, die über Frömmigkeit und Feminismus arbeitete. Wir waren an einem Tiefpunkt angekommen. Sprachverwirrung, politische Verschiedenheit und Gefühlskonflikte schienen schwer überwindbar. Einige redeten, andere verstummten. Eine Frau schlug vor, jede sollte einen Namen für Gott sagen. Indem wir uns sagten, wie wir den Grund unseres Lebens benennen wollten, kamen wir einander wieder näher. Einige dieser Namen Gottes habe ich behalten und will sie hier notieren: Lebendiges Wasser, Schwester, Die mir Mut macht, Die strahlenden Augen meines sieben Monate alten Sohnes, Vater und Mutter von uns allen, Alles ist möglich, Feuer.

Ich denke, daß die Namen Gottes geteilt werden müssen, um Namen zu sein. Wir müssen sie uns einander mitteilen. Was ist gut? fragt Meister Eckhart. »Das ist gut, das sich mitteilt und nützlich ist. Gott ist das Allermitteilsamste.« Wenn Gott »das Allermitteilsamste« ist, die Kraft des In-Beziehung-Seins, dann sind wir gerade dann mit Gott verbunden, wenn wir ihn und sie teilen.

Bibelkunde

Etwas hat mir gefehlt an unserm schönen abend
da war unser lachen
über die gewohnheit gewöhnlicher männer
immer überlegen zu sein
    und deborah plante befreiung und führte den feldzug
    und barak der feldherr kämpfte nur wenn sie
    mitkam
da war unser lachen

Etwas hat mir gefehlt beim plaudern
da war unsere angst
zu gewinnen und doch nicht anders zu sein
als die bisherigen sieger
    und jael nimmt den arglosen gastfreund auf
    und reicht ihm milch der um wasser bat
    und ermordet den schlafenden
da war unsere angst

Etwas hat mir gefehlt meine schwestern
da war unser schweigen
    werden wir sein wie deborah und aufstehn
    gegen das neue gas und unsere verhetzten söhne
    werden wir sein wie jael
    gegen gesetz und gefühl
da war unser schweigen

Etwas hat uns gefehlt
auf dem langen weg
stark und schwach zu werden

Die salbende Frau: Namenlos und unvergessen

Die Geschichte von der Frau, die Jesus kurz vor seinem Tod mit kostbarstem Öl gesalbt hat, enthält ein Paradox, das in gewissem Sinn typisch ist für die Rolle der Frauen in der abendländischen religiösen Tradition. Jesus ist tief berührt von dem, was die Frau in Betanien getan hat, und spricht die großen, nachdenklichen Worte: »Wahrlich, ich sage euch: Wo immer auf der ganzen Welt die Heilsbotschaft verkündigt wird, da wird auch zu ihrem Gedächtnis erzählt werden, was sie getan hat« (Mt 26,13). Aber dieselbe Frau, deren Gedächtnis in die Mitte des Evangeliums gehört, hat in der Überlieferung nicht einmal einen Namen. Wie soll man da ihrer gedenken? Nicht einmal der feierliche Auftrag Jesu konnte ihre Namenlosigkeit verhindern. Sie verblaßt hinter den vielen Männernamen wie so manches, was vom Stifter der christlichen Religion intendiert war, aber in der Wirkungsgeschichte des Evangeliums zurücktrat und sich anderen Prioritäten der Männerwelt unterordnen mußte.

Daran ändern auch die sehr unterschiedlichen Versionen, die die vier Evangelisten von der Salbung Jesu durch eine Frau geben, nicht viel. Lukas geht davon aus, daß die Frau eine Prostituierte ist, und legt den Akzent der Geschichte auf die Vergebung der Sünden, die sie erfährt. Davon ist in der ursprünglichen Version, der ich hier folge, nicht die Rede. Daß die Geschichte etwas Anrüchiges, Skandalträchtiges hat, ist allerdings allen Varianten gemein, sie handelt in jedem Fall von einem Verstoß gegen Herkommen, Sitte und Tabu.

Der Schauplatz ist das Haus Simons in Betanien, ein Dorf, das nur durch ein Tal von Jerusalem getrennt ist. Eine Frau tritt ein und geht zum Tisch, wo Jesus zum Essen eingeladen ist. Aus dem Kreis der zu Gastmählern Eingeladenen sind Frauen im allgemeinen ausgeschlossen, höchstens als Gastgeberin könnte sie dort erscheinen. Aber sie geht mitten hinein in die Männerrunde. Im Hause eines Aussätzigen sind auch Berührungen tabuiert. Aber sie stellt sich mit ihrer Geste in die körperliche Nähe zu dem, der dem Tod geweiht ist. Sie spricht kein Wort, sondern handelt. Wortlos durchbricht sie mehrere Tabus. Als beträte sie einen dieser »Men only«-Klubs, als gälten die Vorsichtsmaßnahmen gegenüber Aidskranken für sie nicht. Und als gäbe es die jahrhundertealten Warnungen vor der überflüssigen Putz- und Vergnügungssucht der Frauen in ihrer Welt nicht!

Sie zerbricht eine Alabasterflasche mit Parfüm und gießt das Öl auf Jesu Haupt. Es ist ein Luxusöl, das in die Häuser der Reichen und die Paläste der Könige gehört, aber nicht in dieses einfache Haus eines jüdischen Mannes. Der Wert dieses Luxusgutes wird mit 300 Denaren angegeben, das war soviel wie der Jahreslohn eines Landarbeiters, wenn er das Glück hatte, 300mal im Jahr Arbeit zu finden. Aber das alles kümmerte sie nicht, sie verschenkt alles, was sie hat. Sie erträgt auch die Empörung der anderen eingeladenen Gäste, die sie grob anfahren und zurückzuscheuchen versuchen. Sie beachtet sie gar nicht, sie ist ganz in dem, was sie tut.

Die Exegeten haben verschiedene Deutungen für dieses tatsächlich extreme Verhalten der Frau gefunden. Viele haben sich an der Kontroverse von Armenfürsorge oder Luxus für Jesus festgebissen und die Tat der Frau darüber vergessen. Sie haben sich ähnlich wie die etwas spießig wirkenden Jünger verhalten und ihr Unbehagen an dieser Frauengeschichte kaum versteckt. Andere haben in dem Ausgießen des Öls auf den Kopf einen Hinweis auf die Propheten gesehen, die früher die Könige Israels gesalbt haben. Aber Jesus steht vor seiner Hinrichtung, bald wird niemand ihm den »König der Juden« mehr glauben. Trotzdem behandelt die Frau ihn wie einen König. Sie schmückt den Leib dessen, der bald als der Allerverachtetste zu Tode gefoltert werden wird. Tut sie ihm diesen Liebesdienst, weil sie ahnt, was geschehen wird? Vielleicht weiß sie es besser als die männlichen Jünger, die von Leiden und Sterben nichts hören wollen.

Es gibt eine alte Kritik am Christentum, die von der Antike über Nietzsche bis zum heutigen Tag ähnlich lautet, daß es nämlich leibfeindlich, asketisch, karg und unsinnlich sei. Ein römischer Schriftsteller, Minucius Felix, polemisiert gegen den christlichen Lebensstil und verspottet die Christen als »pallidi trepidi«, schlotternde Bleichgesichter. »Ihr bekränzt nicht mit Blumen euer Haupt, gönnt dem Leib keine Wohlgerüche. Ihr spart Salben auf für die Leichname, versagt aber dafür den Gräbern die Blumenkränze, ihr schlotternden Bleichgesichter . . . So ersteht ihr Armen weder *nach* dem Tode, noch lebt ihr *vor* demselben.«

Die namenlose Frau aus Betanien ist eine wunderbare Widerlegung dieses tiefsitzenden Verdachts. Sie repräsentiert die andere, die verborgene Geschichte. Sie hat das Leben Jesu im Angesicht des Todes gefeiert, sie hat ihre Liebe zu ihm wortlos ausgedrückt und zugleich ein Zeichen für die Kostbarkeit des Lebens gesetzt, wie man es sich sinnlicher, freudiger, bedenkenloser kaum denken kann.

Die Mystiker haben ein solches zweckfreies gesammeltes Handeln, in dem Sein und Wirken eins sind und die Frage »Wie sieht das denn aus, was ich tue?« ganz verstummt, mit einem schönen Wort benannt. Sie nennen es den Zustand des »sunder warumbe«, des Ohne-Warum-Seins. In diesem glücklichen und selbstvergessenen Zustand fragt ein Mensch all die normalen Fragen, mit denen wir unser Leben trivial machen, nicht mehr. Die Frau in Betanien hat sich nicht gefragt, was es kostet, was es einbringt, wie es wirkt und ob es ihr nicht schaden könnte. Sie muß genau diese Grenze von Vorsichtsmaßnahmen und Versicherungsdenken, von Berechnung und Selbsteinschätzung, von Instrumentalisierung des ganzen Lebens im Dienste des Zweckrationalismus hinter sich gelassen haben. Sie hat, ähnlich wie im Gleichnis vom Scherflein der armen Witwe, alles gegeben, was sie war, ein acte gratuit einer namenlosen und doch unvergessenen Frau.

Die Heilige Geistin

Ich möchte einen kleinen Schritt vorwärts tun und die feministische Entdeckung der Ruach feiern, indem ich die dritte Person der Trinität nach ihr benenne. »Ruach« ist der hebräische Name für die Geistin. Ruach ist Wind, Atem, Hauch, und zwar der Natur, der Menschen ebenso wie Gottes. Ruach ist an etwa einem Drittel aller

Stellen in der Schrift auf Gott bezogen, dessen Geistin am Anfang aller Schöpfung, als die Erde noch wüst und leer war und Finsternis über der Urflut lag, über den Wassern brütete (1 Mose 1,2). Sie ist auch der Lebenshauch, den Gott am Ende der Sintflut über den Wassern schweben läßt, damit sie wieder sinken (1 Mose 8,1). Sie ist es, die das Meer, durch das die Israeliten aus Ägypten in die Freiheit ziehen, austrocknen läßt (2 Mose 14,21).

Das Wort wird für die Naturkraft des Windes und des Sturms, für den Atem und die Lebenskraft der Menschen und für den prophetischen Geist Gottes gebraucht. Der Begriff »Ruach« ist wahrscheinlich mit dem hebräischen Wort »rewah«, Weite, verwandt. Ruach »schafft Raum, setzt in Bewegung, führt aus der Enge in die Weite und macht so lebendig. Dieser Vorgang ist vor allem beim erleichterten Ausatmen zu beobachten.« Alles Leben atmet, und ohne diesen Atem des Lebens läßt sich die Geistin nicht wahrnehmen.

Energie, Bewegung und Veränderung gehören zu Gottes Geistin, und vielleicht ist das die größte Hoffnung, die uns an sie bindet: lebendig zu sein, nicht erstarren zu müssen in unseren Gewohnheiten und unseren Ängsten, ihrem Flug zu folgen und ihre Wohnung zu werden, wie es so viele Lieder besingen: ‚Und laß uns deine Wohnung sein', ‚Komm in uns wohnen!' Die Ruach hat keinen festen Wohnsitz, sucht aber Wohnung. Und wo denn, wenn nicht in uns.

In der Pfingstsequenz des Stephan Langton um 1200, »Veni, Sancte Spiritus«, auf die die meisten unserer Pfingstlieder zurückgehen, heißt es an die Geistin gerichtet:

Dring bis auf der Seele Grund
Ohne dein lebendig Wehn
Kann im Menschen nichts bestehn
Kann nichts heilsein noch gesund

Was befleckt ist, wasche rein
Dürrem gieße Leben ein
Heile du, wo Krankheit quält
Wärme du, was kalt und hart
Löse, was in sich erstarrt
Lenke, was den Weg verfehlt.

Gesundmachen, heilen, waschen, das Dürre wieder befeuchten, das Verirrte auf den Weg bringen, das Harte biegsam, das Kalte warm machen, das sind Ausdrücke, die benennen, was die mütterliche Geistin tut. Sie tröstet uns und hält uns so lange im Arm, bis wir wieder hoffen und lachen und weinen können, und sie gebiert uns aufs neue. Im Glauben sind wir »wiedergeboren«, ein neuer Mensch auf der erneuerten Erde.

Auch in die Geschichte der Kirche hat Gottes Geistin immer wieder ein neues, veränderndes Element gebracht. Im späten Mittelalter gab es eine mystische Bewegung, die sich »die Brüder und Schwestern vom Freien Geiste« nannten. Sie haben eine Frömmigkeit entwickelt, die nicht an die kirchliche Hierarchie und ihr Verständnis von Amt gebunden war. Die Geistin weht, wo sie will. Sie stellt innerhalb der Trinität das demokratische Element dar, das heißt das Element der Teilhabe, der Partizipation. Wo immer gegen hierarchische Eliteherrschaft eine neue, eine andere Spiritualität sich Bahn brach, da beriefen sich ihre Trägerinnen und

Träger auf die Geistin. Nirgendwo in der Theologie wird so klar, daß Gott uns braucht, um zu wohnen, um einen Ort zu haben, wie in der Lehre von der Heiligen Geistin.

In der protestantischen Tradition wird Gott fast ausschließlich an seinem Wort, in Schrift und Auslegung erkennbar. Im Sinne der Geistin müssen wir fragen: Warum eigentlich nicht auch im Tanz oder im Schweigen? Gewiß läßt sich Gott auf der Orgel loben, aber warum nicht auch in Rock oder Rap? Gottes Ruach verkörpert eine Transzendenz, die sich nicht zähmen, einordnen, auf Formeln und Gebärden, Gewohnheiten und Ordnungen festlegen läßt, eine wilde Transzendenz des Aufbruchs. Wohin fliegt die Wildgans? Wissen wir es?

Spiritus hängt mit inspiratio zusammen, die Geistin haucht uns an, daß wir leben. Sie neigt sich mütterlich zur Schöpfung hin und belebt, was ohne ihren Lebensatem vergeht. Im 104. Psalm heißt es von aller Kreatur:

Nimmst du ihre Ruach hinweg,
so verscheiden sie und werden wieder zu Staub.
Sendest du deine Ruach aus,
so werden sie geschaffen,
und du erneust das Angesicht der Erde.
(Psalm 104, 29f.)

So wird die Teilhabe am Leben durch die Geistin vermittelt, und Gott ist immanent und transzendent zugleich.

6

»Wo immer die Liebe gelingt und das Leben glückt«

Freundschaft und Glück

Wir alle sind dazu berufen, »glücklich«, ungetrennt, wiedervereinigt mit Gott zu sein, so zu leben, daß »das von Gott«, wie die Quäker sagen, das in uns ist, sichtbar wird. Vielleicht haben viele das schon einmal erlebt, daß »das von Gott« in einem Menschen aufstrahlt, daß wir Liebe werden und nichts anderes heißt ja, daß Gott in uns geboren wird.

Jemandem sein glück glauben

Jemandem sein glück glauben
ist schwerer als
jemandem die trauer abnehmen

Wir schwimmen im see
die bergkette spiegelt sich
plötzlich schnellst du dich vorwärts
ich sehe nur tropfenfäden
du hast dich in sonne wasser und bewegung aufgelöst
vor begeisterung verschlucke ich mich
und versuche nachzukommen

Über das glück miteinander sprechen
ist noch schwerer
weil wir einander kaum trauen können
es kommt mir vor
wie die sache mit heiligenscheinen
wer weiß wie sie zustande kommen
wieso leute so etwas gesehen haben müssen
welche freude dazu geführt haben muß
jemanden leuchten zu sehen

Was zählt – Brief an meine Kinder

Liebe Kinder,
in Sagen und Märchen, wie ich sie Euch früher manchmal erzählt habe, gibt es ein Motiv vom armen Schäfer, der eines Tages von einem kleinen grauen Männchen weit fort an einen geheimnisvollen Berg geführt wird. Der springt auf und öffnet sich, innen glänzen die herrlichsten Schätze, aber während der Schäfer sich noch die Taschen vollstopft, spricht eine Stimme: »Vergiß das Beste nicht!« Und in der Sage schlägt die Tür hinter dem armen Schäfer donnernd zu, und die Schätze in seinen Taschen zerfallen zu Staub.

Ich habe nie ganz genau verstanden, was »das Beste« eigentlich sein soll. Vielleicht der Blumenbusch am Bergeingang? Vielleicht eine unscheinbare alte Lampe wie die von Aladin? Vielleicht der Schlüssel zum Wiederkommen? Vielleicht nur der Wunsch, wiederzukommen und nicht zu vergessen?

Vergiß das Beste nicht! Mich hat, das wißt Ihr ja alle vier, die Stimme des kleinen grauen Männchens weit weggelockt aus dem gewöhnlichen Leben in die Religion hinein, von den »Gebildeten unter ihren Verächtern« fort, immer näher zum – vielleicht eher jüdischen als dogmatisch-christlichen Glauben.

Und von allem, was ich Euch gern mitgegeben hätte in die Feindschaft, mit der das Leben Euch beutelt und beuteln wird, ist dies am schwersten zu vermitteln. Meine Schätze kann ich Euch nicht einfach vermachen. Gott lieben von ganzem Herzen, mit aller Kraft, aus ganzem Gemüte – in einer Welt voller Traditionsbrüche –, das kann ich nicht wie ein Erbe weitergeben.

Meine Versuche, Euch christlich zu erziehen, hatten wenig Chancen; die Institution fiel mir immer wieder in den Rücken, die Kirche war und ist nur selten vertrauenswürdig. Aber auch der eigene Mangel, Bräuche und Symbole glaubwürdig zu leben, Lieder und Gebete einzubeziehen in den Alltag, ist mir sehr bewußt. Es ist, als hätten wir Eltern kein bewohnbares Haus der Religion anzubieten, nur ein verfallenes.

Daß Du, Mirjam, als Jüngste, Dich nicht hast konfirmieren lassen – obwohl Du doch nicht weniger nah am Berg mit den Schätzen wohnst und das graue Männchen vielleicht auch manchmal hörst – ist nur der sichtbare Ausdruck dieser Schwierigkeit, die lebendige Kinder heute mit ihren christlichen Eltern haben. Vielleicht habe ich mich darum gescheut, Euch ins Christentum zu locken – das Wort »erziehen« ist doch wohl ganz falsch in diesem Zusammenhang.

Aber – organisierte Religion hin, organisierte Religion her – ich wünsche mir, daß Ihr alle ein bißchen fromm werdet. Vergeßt das Beste nicht! Ich meine damit, daß Ihr Gott manchmal lobt, nicht immer – das tun nur Schwätzer und Höflinge Gottes –, aber doch manchmal, wenn Ihr sehr glücklich seid, so daß das Glück ganz von selbst in die Dankbarkeit fließt und Ihr »Halleluja« oder das große Om der indischen Religion singt.

Eins von Euch, ich glaube, es war Caroline, hat mal beim Besuch einer scheußlichen Kirche, in die wir Euch immer bei Reisen schleppten, trocken gesagt: »Ist kein Gott drin.« Genau das soll in Eurem Leben nicht so sein, es soll »Gott drin sein«, am Meer und in den

Wolken, in der Kerze, in der Musik und, natürlich, in der Liebe.

Ohne Grund im Grund des Lebens ist diese wirkliche Freude nicht da, unser Freuen ist dann immer auf Anlässe und Sachen bezogen, aber die wirkliche Freude, die Lebensfreude, das Glück, am Leben zu sein, ist nicht eine Freude, weil es Erdbeeren oder schulfrei oder einen wunderbaren Besucher gibt. Die wirkliche Freude ist ohne Warum, »sunder warumbe«, wie mein bester Freund aus dem Mittelalter, der Meister Eckhart, sagt.

Wenn ich Euch nur – starke Mutter hin, starke Mutter her – ein wenig von dieser *sunder warumbe*-Freude mitgeben könnte, das wäre schon sehr viel. Dann würde ich auf meine unerlaubten Extraspezialwünsche, diese mütterlichen Zumutungen – daß Ihr zum Beispiel einmal im Leben Meister Eckhart lest – getrost verzichten und mich lieber in das kleine graue Männchen zurückverwandeln und in der blauen Höhle sitzen unter lauter Funkelsteinen und sagen: »Vergeßt das Beste nicht!«

Eure alte Mama

Sieben Wünsche

Sieben Wünsche für eine Konfirmandin
anläßlich der Befestigung ihres Bäumchens
im Leben

Daß du trinkst von dem alten Wasser der Erde
ohne Bitternis

daß die Vögel kommen dir was vorzupfeifen
und du antwortest in F-dur oder a-moll

daß die Sonne nicht sticht oder Versteck spielt
sondern ordentlich tut was sie soll, scheinen

daß dich die weitausgreifenden Eltern
nicht überwuchern
und dein Land nicht überdüngen

daß du wächst mit den anderen Bäumen,
einzeln, frei und als Wald

daß du Wurzeln schlägst in der Gerechtigkeit

daß du dich streckst
bis zu deiner anderen Heimat
dem Himmel

Zur Freude fähig werden

Wo immer die Liebe gelingt und das Leben glückt, da wird die Sehnsucht nach Ganzsein nicht eigentlich gestillt, sie wächst vielmehr mit der Erfüllung. Weinen lernen wir nicht nur am Schmerz, sondern auch am Reichtum des Lebens, an seiner Schönheit. Es gibt eine tiefe, noch wenig reflektierte Beziehung zwischen Mystik und Ästhetik, zwischen der Gottes-Freude und der Schönheit. Das hörbare Kennzeichen dieser Beziehung ist das, was die Tradition mit einem altmodischen Wort »loben« nennt. Das Loben ist der ästhetische Akt, in dem etwas wahrgenommen, gesehen und sichtbar gemacht, gepriesen, gefeiert und besungen wird. Es wird aus dem Dunkel ins Licht geliebt.

In vielen Psalmen findet sich eine uns merkwürdig anmutende Selbstermunterung:

»Lobe den Herrn, meine Seele!« – »Preise, meine Seele, den Ewigen!« – »Segne meine Seele, Ihn.«

Kirchenlieder nehmen diese Sprache auf und reden der Seele zu: »Du, meine Seele, singe!« oder »Auf, auf mein Herz, mit Freuden!« Es klingt so, als ob der Mensch zwei Seelen hätte, eine, die der mystischen Freude fähig wäre, und eine, die grübelt oder stumm vor sich hin brütet. Die Wachgewordene redet der Matten zu, nicht schwer und lebensträge in sich selber klebenzubleiben. »Geh aus, mein Herz, und suche Freud« (503), so nimmt Paul Gerhardt die alte mystische Formel »gang uz dir selbst uz« auf. Als sagte die eine Seele zur anderen: Du meine schwermütige und lobungewohnte Seele, hock nicht in dir selbst herum, sieh von dir ab, laß dich! Werde wieder fähig, den Wind nicht als ein Geräusch wahrzunehmen, sondern seine Stimme zu hören.

Wenn in der Gegenwart vielfach eine spirituelle Verarmung beklagt wird, so muß man sie vor allem in dieser Unfähigkeit, das Leben zu loben, erkennen. Jemand mag die Wolken dahinjagen sehen, den Wind spüren und die Fische im Wasser spielen sehen und sie zugleich nicht sehen, weil sie oder er sich nicht darüber wundert, sondern trübsinnig in sich selber hockenbleibt. Von allein lobt es sich nicht leicht. Es ist sehr viel naheliegender, dem Leben abzulesen, was ihm angetan worden ist; das Lob hat es nicht so einfach, weil es in die Dinge hineingelesen wird und darin dem produktiven ästhetischen Zustand nahekommt. Im Midrasch zu dem 104. Psalm, der die Seele zum Loben auffordert, heißt es: »Die Welt wird erst sichtbar, wo sie besungen wird.« Die Wahrnehmung, die Aisthesis, gelingt erst, wenn Menschen die Schönheit erfahren und besingen. In diesem Sinn sind wir alle Hüterinnen der Freude und dafür verantwortlich, daß die Schönheit des Lebens sichtbar und hörbar wird. Der Abend kann erst kommen, wenn »Nun ruhen alle Wälder« gesungen wird.

In den mittelalterlichen spirituellen Ratschlägen wurde immer wieder vor einem nicht leicht zu beschreibenden Zustand gewarnt, für den es verschiedene Namen gab: *inertia* (Trägheit), *acedia* (Unmut), *nausea* (Ekel), *pigritas* (Faulheit), *tarditas* (Stumpfheit). Alle diese Wörter wiesen auf einen freudlosen, antimystischen Zustand hin: eine Untätigkeit, die mit viel Betrieb einhergehen kann, ein Lebensekel, der in der morbiden Kunst besteht, aus allem, was ist, nur den Verfall und die Zerstörung herauszulesen, eine Lebensfaulheit, in der wir zu träge sind, um den Glanz Gottes in der Schöpfung zu suchen oder ihn wieder herauszuputzen.

Franz von Assisi (1181/82–1226) hat neben der Liebe vielleicht keinen anderen Seelenzustand so durchlebt und verkörpert wie die Freude. Seinen Brüdern erklärte er:

»Das ist der große Triumph des Teufels, wenn er uns die Fröhlichkeit des Geistes rauben kann. Er führt einen feinen Staub mit sich, den streut er in kleinen Dosen durch die Ritzen des Gewissens, um die reine Gesinnung und den Glanz der Seele zu trüben. Die Freude aber, die das Herz des geistlichen Menschen erfüllt, macht jenes todbringende Gift der Schlange zunichte. Ist einer aber traurig und meint er, verlassen zu sein in seinem Kummer, so reibt ihn entweder die Traurigkeit auf, oder er überläßt sich leeren Zerstreuungen. Wenn sich die Traurigkeit festsetzt, wächst das Übel. Wenn es sich nicht in Tränen löst, bleibt ein dauernder Schaden«.

Die Abwehr der Melancholie gehört in die Mitte der franziskanischen Spiritualität. Damit ist nicht die tiefe, wirkliche Trauer gemeint; vor ihr fürchtet sich Franziskus nicht, aber er flieht diese vom Teufelsstaub bedeckte Freudlosigkeit und Lebensunfähigkeit, die Trägheit der Sinne, die uns nichts sehen, nichts schmecken und nichts hören läßt, jene sanfte, alles überziehende Trauer, die nicht weint und nicht betet, weil sie uns fühllos macht. Von Franz wird erzählt, daß er, wenn er nur einen Hauch von ihr in seinem Herzen spürte, seine Zuflucht zum Gebet nahm. Beten, singen, loben, tanzen – das waren seine Gegenmittel gegen die Trauer. Wenn ihn eine Krankheit quälte, fing er an, ein Lied zu singen zum Lobe Gottes in den Geschöpfen. Vor der stumpfen Unerreichbarkeit, die die freudlose Leere mit sich bringt, ist Franziskus geflohen: ins Gebet und – geheimnisvoll immer wieder – in die Tränen.

Als er fast blind und – erst vierundvierzig Jahre alt – im Sterben lag, wollte er, daß man singt, weil er so von der Last der Schmerzen frei würde. Er komponierte Lied um Lied, sogar zum Ärgernis der Brüder, die meinten, ein Sterbender müsse ernst bleiben. Die Brüder sangen ihm unter Tränen sein Lied von der Schwester Sonne, dem Bruder Wind, der Schwester Wasser, dem Bruder Feuer und der Mutter Erde. Damals fügte er vor der letzten Strophe die Zeilen »Sei gelobt, mein Herr, durch unsern Bruder, den Tod« ein.

Jesus: der andere mit Glück ansteckt

Ich halte Jesus von Nazareth für den glücklichsten Menschen, der je gelebt hat. Ich denke, daß die Kraft seiner Phantasie aus dem Glück heraus verstanden werden muß. Alle Phantasie ist ins Gelingen verliebt, sie läßt sich etwas einfallen und sprengt immer wieder die Grenzen und befreit die Menschen, die sich unter diesen Grenzen in Opfer und Entsagung, in Repression und Rache ducken und sie so ewig verlängern. Jesus erscheint in der Schilderung der Evangelien als ein Mensch, der seine Umgebung mit Glück ansteckte, der seine Kraft weitergab, der verschenkte, was er hatte. Das konventionelle Bild von Jesus hat immer seinen Gehorsam und seinen Opfersinn in den Vordergrund gestellt. Aber Phantasie, die aus Glück geboren wird, scheint mir eine genauere Beschreibung seines Lebens. Sogar sein Tod wäre mißdeutet als das tragische Scheitern eines Glücklosen, er wäre zu kurz verstanden, wenn nicht die Möglichkeit der Auferstehung in Jesus selber festgehalten würde! Auferstehung als die weitergehende Wahrheit der Sache Jesu ist aber im Tode dieses Menschen gegenwärtig; er hat den Satz »ich bin das Leben« auch im Sterben nicht zurückgenommen.

Denkt man den Tod Jesu allerdings nur vom Gehorsam aus, so wird übersehen, daß Selbstlosigkeit und Opferbereitschaft erst dort entstehen können, wo ein Mensch zu sich selber gekommen und ein bestimmter Stand der eigenen Freiheit erreicht ist. Der Gehorsam hat nur dann Sinn, wenn er in Übereinstimmung des Menschen mit sich selber geleistet wird; alles Opfern, alle Verzichte und alles Leiden, die ohne diese Übereinstimmung geleistet werden, vielleicht weil sie einem abverlangt werden von anderen, sind sinnlos und bewirken nichts: aus ihnen gibt es keine Auferstehung.

Die Selbstlosigkeit, die auf erfahrenem Glück beruht, ist eine andere. Die eigene Liebesfähigkeit ist da schon geweckt, und das Glück, das ein Mensch ausstrahlen kann, läßt Rückschlüsse zu auf das, das er selber erfahren hat. Der so aus dem Reichtum des Selbst lebende Mensch kann auf einen Teil seiner eigenen Wünsche verzichten, er kann sie um anderer willen aufschieben, er kann Wünsche verlagern und übertragen auf andere Gegenstände – er ist im Wünschen beweglich geworden und braucht sich nicht starr auf bestimmte Ziele zu fixieren, wie sich etwa der gehorsame Mensch auf die aufgetragenen Befehle fixieren muß. Das Subjektsein des freigewordenen Menschen ist so stark, daß Teilverzichte möglich werden. Der Ausdruck »Teilverzicht« mag, auf Jesus angewandt, befremdlich klingen, aber ich brauche ihn, um im Bewußtsein zu halten, daß ein Mensch auf die eigene Identität mit sich selber nicht verzichten kann um anderer willen. In diesem Sinne hat auch Jesus nicht auf sein »Ich« verzichtet, man kann eher sagen, daß sein Sterben eine letzte, endgültige Bestätigung seines Ich-Sagens, seines unerhörten Satzes »Ich bin das Leben« war. In der älteren religiösen Sprache ausgedrückt, würde das bedeuten: man kann wohl sein Leben, nicht aber die ewige Seligkeit um anderer willen hingeben. Selbst wenn man meint, man opfere sie für einen anderen, so gibt man sie doch nur dem Teufel, was sich an den Folgen zeigt, die ein solches beflissenes Gehorsamsverhalten und Aufopfern hat – das Reich der angestrengten Leistung und der Unzufriedenheit breitet sich aus. Auch für Jesus und gegen alle heteronome Begründung seines Entwurfs gilt: Je mehr Glück, um so mehr Fähigkeit zu wirklicher Preisgabe. Von Christus ist zu lernen: Je glücklicher einer ist, um so leichter kann er loslassen. Seine Hände krampfen sich nicht um das ihm zugefallene Stück Leben. Da er die ganze Seligkeit sein nennt, ist er nicht aufs Festhalten erpicht. Seine Hände können sich öffnen.

Liebe kommt nie an ihr Ende

Was immer man über die Liebe sagen mag: sie wird nicht fertig mit einem Menschen. Sie kommt nie zu Ende mit jemandem. Sie transzendiert jede mögliche Erfüllung, sie will immer mehr. Eben dieses Nie-zu-Ende-Kommen nennt die Sprache der Tradition: Transzendenz. Aber der geschichtlich konkrete Name der gleichen Sache heißt: Leiden. Leiden, weil die Liebe Christi unendlich ist, weil sie keine Bedingungen stellt, die als erfüllte erledigt wären; leiden, weil die Liebe nicht rechnet mit ihren Begrenzungen.

Jede Beziehung zu einem anderen Menschen macht uns verwundbar, je größer die Liebe, desto verwundbarer der Liebende. Wer in sich selber ruht, keinen braucht, autark ist, den wird auch weniger Schmerz treffen. Aber Christus, der in die Liebe ruft, hat nie empfohlen, Schmerzen zu vermeiden, sich zu sparen – wie die Stoiker es anrieten. Er rief in eine unendliche Bewegung hinein, eine diesseitige Transzendenz, die mit ihrem Leben bezahlt, was sie ersehnt, das Reich Gottes. Die Nachfolge Christi sensibilisiert Menschen, sie macht sie aufmerksamer, nachdenklicher, empfindlicher und verwundbarer.

Wer die bedingungslose Güte Gottes erfahren hat, wer Gottes Nähe als Liebe begreift, atmet, spürt, der kann sich nicht festhalten für sich selber.

Die Feinde der Liebe

Die Liebe wird heute bedroht von alten und neuen Feinden, die sich manchmal auf merkwürdige Weise miteinander verbünden. Die Unterdrückung in der älteren jüdisch-christlichen Kultur berief sich auf die Natur und ein scheinbar natürliches Verständnis der menschlichen Sexualität, als deren Sinn die Fortpflanzung angesehen wurde. Fortpflanzung als natürlich, notwendig und gesellschaftlich erzwungen ist die ideologische Basis des sexuellen Konservatismus, des alten Feindes der Liebe. Innerhalb der christlichen Tradition sind Heterosexismus und Frauenhaß die auffallendsten Formen der Sexualfeindlichkeit. Der Widerstand, den viele Kirchen der

Sexualerziehung, der Geburtenkontrolle und dem Selbstbestimmungsrecht der Frauen entgegensetzen, ist empörend, vor allem wenn man ihn mit dem geringen Widerstand gegen Aufrüstung, Erziehung zum Krieg und Militarismus vergleicht. Der Gebärzwang wird ideologisch untermauert und als Grundbedingung der Schöpfung oder als Ausweis der Normalität und Natürlichkeit des menschlichen Lebens angesehen. Auf dieser Basis werden homosexuelle und lesbische Beziehungen verdammt. Die kirchliche Repression gegen Homosexuelle, die sich offen zu ihrer Partnerwahl bekennen (weil sie wissen, daß das Verbergen und Verdrängen den Sinn menschlicher Sexualität zerstört), ist ein schwerer Angriff gegen die Ebenbildlichkeit des Menschen mit Gott.

Rut und Noomi – Geschichte einer Freundschaft

Die Beziehung zwischen der Israelitin Noomi und der Moabiterin Rut ist eine der schönsten Freundschaftsgeschichten der Bibel. Zunächst versucht Noomi Rut umzustimmen. »Sieh doch, deine Schwägerin ist umgekehrt zu ihrem Volk und Gott. Folge deiner Schwägerin«, sprach Noomi. Darauf sagte Rut: »Bedränge mich nicht, dich zu verlassen, mich von dir abzuwenden! Denn, wo du gehst, gehe ich mit, und wo du übernachtest, übernachte ich; dein Volk ist mein Volk, dein Gott ist mein Gott. Wo du stirbst, sterbe ich; dort will ich begraben werden. Gott tue mir alles Mögliche.

Nur der Tod wird dich und mich trennen« (Ruth 1,15–17).

Es ist kein Zufall, daß dieser erste Höhepunkt unserer Geschichte, dieses Sichbinden einer Frau an eine andere, oft aus dem Zusammenhang gelöst und auf die eheliche Beziehung hin gedeutet wird, etwa als Trauspruch. Diese Worte sprechen ja darüber, worauf es ankommt, sie drücken Liebe aus, Beziehungsfähigkeit, Bindung und Freiheit, also Glück. Sie sprechen nicht darüber, worauf es nicht ankommt, ob homo- oder heteroerotisch, ob legalisiert oder ohne Schein, sie sagen einfach »was Sache ist«, wie man in Hamburg sagt. Es gibt leider nicht nur einen Rassismus, der andere Völker nicht duldet, sondern auch einen Rassismus der Sexualität, der genau so lebensfeindlich und krankmachend funktioniert.

Ich will versuchen, zu sagen, was mich so glücklich macht an diesen Worten der Rut und an dieser Geschichte einer Freundschaft. Sie ist gegründet auf Gegenseitigkeit. Nachdem Rut ihren Entschluß, mitzugehen und ihr eigenes Volk zu verlassen, feierlich bekräftigt hat, anerkennt die ältere Frau diese Realität und »läßt ab, ihr zuzureden« (Ruth 1,18). Sie bedrängt sie nicht länger, sie will nicht à tout prix Recht behalten. Es entsteht hier eine Beziehung wechselseitiger Abhängigkeit, die freiwillig gewählt wurde. Verhältnisse, die nicht freiwillig gewählt werden, wie z.B. die Beziehung zwischen Müttern und Töchtern, bergen in vergleichbaren Situationen oft die größten Schwierigkeiten in sich, eine andere Entscheidung zu akzeptieren; das Beste, das man sich als Tochter wie als Mutter wünschen kann, ist natürlich diese erst zu lernende Fähigkeit, Freundinnen zu werden. Vertrauen und Respekt sind dann Grundlage. Rut und Noomi binden sich aneinander in ihren Schwächen und Stärken. Die Ausländerin Rut braucht die einheimische Noomi, um Fuß im andern Land zu fassen, was in der damaligen Welt ausschließlich in Ehe und Mutterschaft verwirklicht werden konnte. Und die alternde und sich ihrer Vereinsamung sehr bewußte Noomi kann nicht mehr auf den Acker gehen zum Ährenlesen, sie braucht die tatkräftige Hilfe der jüngeren Frau. Beide Frauen brauchen den Schutz der anderen, um in der Männerwelt zu überleben. Beide sind verwitwet, was sie rechtlos und schutzlos macht. Die jüngere, Rut, fürchtet sich vor den Nachstellungen der Männer am Arbeitsplatz. Die ältere muß sich Sorgen machen um ihren Unterhalt. Es ist diese Solidarität der Frauen, die, aus unserer Geschichte langsam hervorwachsend, den unverwechselbaren Ton des Glücks und der Heiterkeit hörbar macht, den man in der Sprache des 18. Jahrhunderts »Idylle« nannte.

Gott, du Freundin der Menschen,
laß mich nie ohne Freundin sein.
Laß mich geben, lehr mich, zu nehmen.
Zeig mir, wie ich trösten kann.
Gib mir Freiheit, Kritik zu üben.

Gott, du Freundin der Menschen,
laß mich nie ohne Freundin sein.
Gib uns Raum, uns zu wehren,
und die Kraft, es ohne Gewalt zu tun.
Gib uns den langen Atem,
auch wenn die Zeit nicht in unsern Händen ist.

Gib uns das lange Lachen
im kurzen Sommer.

Gott, du Freundin der Menschen,
laß mich nie ohne Freundin sein.
Wir gehen zu zweit los,
aber deinetwegen
sind wir immer schon mindestens drei
auf dem langen Weg zum Brot,
das eßbar ist, dem Wasser,
das niemand vergiftet hat.

Gott, du Freundin der Menschen,
laß keine von uns ohne Freundin sein.

Meine beste Freundin

Luise Schottroff ist »meine beste Freundin«, um es in der Kindersprache zu sagen.

Die Neutestamentlerin und feministische Befreiungstheologin hat mir geholfen, die Bibel mit Genauigkeit und Begeisterung lesen zu lernen; sie den »Bibeldieben«, von denen schon Thomas Müntzer sprach, zu entwinden; und vor allem, sie zu brauchen. Sie lachte mit mir, wenn Männer gar zu arrogant einhergockelten; sie weinte mit mir, als die Fische im Rhein starben. Ihr preußischer Realismus blickt leicht indigniert auf meine spirituellen Ausflüge – und mein rheinischer Lebensmut kratzt an ihrem Mißtrauen. Ihre Beharrlichkeit hat mich immer von neuem in diesem unserem Mutter-Land verwurzelt.

Mit den Jahren ist unsere Freundschaft weitergewachsen. Argwohn und Leichtsinn haben sich angerempelt, Wandern und Schwimmen konkurrieren bei uns, Luises Augen für die bildenden Künste sind schärfer als meine, die sich gerne schließen, um ganz Ohr zu sein. Wir haben drei Bücher zusammen geschrieben (eines davon mit Bärbel von Wartenberg), und ich hoffe, das ist nicht alles. Vielleicht läßt sich Luises Nüchternheit noch mal mehr auf meine Mystik ein, und vielleicht lerne ich mit Lydias Schwestern die häßlichen Flecken auf unserem Erbschatz wegzuputzen.

Wir haben beide in den letzten Jahren unsere Erfahrungen mit Krankheit, Schwäche, Älterwerden und dem gemacht, der grinsend dahintersitzt und uns fressen möchte. Als ich einmal sehr schwer krank war, hat mich Luise zweimal im Krankenhaus besucht, einmal, ohne daß ich es wußte oder wahrnehmen konnte. Als ich das später erfuhr, dachte ich zuerst: Was wollte sie denn da, ich konnte doch nicht hören oder fühlen. Aber dann verstand ich plötzlich, daß es ein *acte gratuit* war, eines von den Geschenken des Lebens, die wie die Rose ohne Warum und Wozu blühen. Freundschaft ist, so denke ich, wenn wir fast selbstverständlich und manchmal, ohne es zu wissen, Gott loben.

Im Glauben ganz und schön werden

Es ist der Glaube, der Menschen schön macht. Schön ist, wer etwas ganz, unabgelenkt, mit allen seinen Kräften tut. Dieser Grundsatz entspricht der klassischen Ästhetik, in der nur, was aus unsern versammelten Kräften hervorgeht, »schön« genannt wird. »Alles Vereinzelte ist verwerflich«, wie Goethe sagt. Jede Isolierung einer einzelnen Potenz des Menschen, jede Überentwicklung einer Kraft auf Kosten der übrigen ist »Vereinzelung«. Die Vereinzelung der Rationalität schließt ein, daß wir unsere Leiblichkeit und unsere Emotionalität unterdrücken oder verleugnen müssen. Jeder Lebensausdruck, zum Beispiel jede menschliche Beziehung oder auch jede schöpferische Tätigkeit, soll »ganz«, das heißt alle Kräfte beteiligend sein. Je mehr von mir ich in einer Beziehung vergessen, verleugnen, verdrängen und unterdrücken muß, desto teilhafter, begrenzter und ärmer wird die Beziehung. Eindimensionalität ist der Ausdruck solcher vorherrschenden Verarmung und Zerstörung. Sie kann eine spezifische Perfektion erreichen, aber ihr fehlt die Schönheit, die aus dem Ensemble unserer Kräfte, Erfahrungen und Beziehungen stammt.

Schön wird ein Mensch in der Erfahrung der Ganzheit seiner Kräfte, im unverdrängten Zusammenspiel. »Glauben« ist eine alte religiöse Ausdrucksweise, um von diesem Glücken, diesem Ganzsein zu sprechen. Im Glauben sind wir ganzheitlich, ohne die Ausklammerung und Verleugnung einiger unserer Fähigkeiten, auf die Verwirklichung von Wahrheit bezogen. Zum Glauben kommen heißt eintreten in den Kampf gegen den herrschenden Zynismus. Es bedeutet, immer angstfreier zu werden. Es bedeutet, das große Ja zu sagen, das alte Vertrauen, das uns vielleicht in die Kindheit schien, zu erneuern und wahr zu machen, es bedeutet, Gott zu lieben mit ganzem Herzen, mit ganzer Seele, ganzem Gemüte, ohne Abstriche, ohne: Ja, wenn du mir das und das gibst . . . und ohne: Aber du hast doch früher . . . Es ist ein Ja ohne Wenn und Aber, es ist das große Ja. Es hat Anteil an der Schönheit und der Militanz des Lebens, und es ist das, was die Schönen schön macht und die Militanten mutig und selbstvergessen.

Wenn der Glaube in das Herz eines Menschen kommt, das ist wie eine Verlobung. Es ist der Zeitpunkt, wenn der subjektive Zynismus, das, was ich den Agenten des Kapitalismus in unseren Herzen genannt habe, schwindet. Gott sagt, dem Propheten Hosea zufolge: »Ich will mich mit dir verloben in Ewigkeit; ich will mich mit dir vertrauen in Gerechtigkeit und Gericht, in Gnade und Barmherzigkeit. Ja, im Glauben will ich mich mit dir verloben, und du wirst den Herrn erkennen« (Hosea 2,21). Wenn wir diese Sprache der Verlobung, des Versprechens, des Engagements aufgreifen, so können wir sagen: Ich verlobe mich mit dem wirklichen Leben, ich will mein Leben geben für die Gerechtigkeit, ich habe das Leben gewählt, auch wenn die Todeswahl sich nahelegt und der Todeswunsch in mir mächtig ist, ich lerne die Hingabe meines Lebens.

Das Glück, nicht mehr getrennt zu sein

Wie wir uns in der Sünde von Gott trennen, so versöhnt sich Gott mit uns in der Gnade. Das ist die christliche Grundaussage. Zuwendung Gottes ist Gnade, die die Hindernisse für die Beziehung zwischen Gott und den Menschen forträumt. Wenn Sünde Trennung, Absonderung, Isolation und Entfremdung bedeutet, so ist Gnade die Wiedervereinigung des Lebendigen mit dem Ursprung des Lebens – und somit gerade das, was Gott will. Sie ist einfach das Glück, nicht mehr getrennt zu sein! Der Wunsch nach Vereinigung gehört zu den tiefsten menschlichen Wünschen, und gerade deswegen ist die Absonderung so zerstörerisch. Bei Gott sein heißt, nicht mehr getrennt zu sein.

Es gibt in den Legenden über Franziskus von Assisi eine Geschichte von Franz und Klara, in der die beiden sich trennen müssen und es doch nicht übers Herz bringen. Es ist eine Geschichte von Trennung und Vereinigung. Eines Tages wanderten Franz und Klara von Spello nach Assisi in großer Unruhe des Herzens. Die Leute schauten sie nämlich boshaft an, sie flüsterten über sie, und sie mußten versteckte Anspielungen und Witze hinnehmen. So gingen sie schweigend dahin. Es war kalt und das Land ringsum mit Schnee bedeckt. Franz sagte: »Hast du verstanden, was die Leute ringsum über uns sagen?« Klara gab keine Antwort. Ihr Herz war wie von Zangen zusammengepreßt. Sie weinte. »Es ist Zeit, daß wir uns trennen«, sagte Franz schließlich. Da warf sich Klara mitten auf dem Weg in die Knie. Nach einer Weile erst hatte sie sich gefaßt, stand auf und ging mit gesenktem Kopf weiter, Franz hinter sich zurücklassend. Der Weg führte durch einen Wald. Auf einmal aber hatte sie nicht mehr die Kraft, so ohne Trost und Hoffnung, ohne einen Abschied von ihm zu gehen. Sie wartete. »Wann werden wir uns wiedersehen?« fragte sie. »Im Sommer, wenn die Rosen blühen.« Da geschah etwas Wunderbares. Es war ihnen, als blühten im Schnee und an den reifbedeckten Sträuchern eine Unzahl von Rosen. Klara pflückte einen Strauß und legte ihn Franz in die Hände. Von diesem Tag an waren Franz und Klara nie mehr getrennt.

Ich erzähle diese Geschichte, um deutlich zu machen, daß Gnade nicht nur ein Gegenbegriff zu Sünde im moralischen Sinn des Wortes ist; Gnade ist mehr als Begnadigung vor dem Richter, und man kann sich fragen, ob ihr Begriff nicht den Rahmen des juristischen Denkens sowohl benutzt wie sprengt. Was Gnade im umfassenden Sinn bedeutet, läßt sich am einfachsten mit einem Alltagswort als »Glück« benennen. Jedes große wirkliche Glück hat in unserem Erfahren den Charakter des unverdienten Geschenkes. Etwas hat sich mit uns ereignet – die Rosen fangen mitten im Winter zu blühen an. Unvermutet, unverfügbar, unverdient – diese Adjektive tauchen in der theologischen Beschreibung von Gnade auf. Gnade ist die sich »herabneigende, personale, absolut ungeschuldete Huld Gottes gegenüber dem Menschen«, wie Karl Rahner sagt, dem wir vielleicht die wichtigsten theologischen Aussagen unserer Zeit über die Gnade verdanken.

Genauer wünschen lernen

In einem rhythmus leben mit dir
über die gleichen vögel lachen
zusammen aufstehen murren und arbeiten gehen
hungrig werden und mit dir kochen

In einem rhythmus leben gegen dich
lieben wollen wenn du lesen willst
diskutieren wenn du weinst
nüchtern sein wenn du dich betrinkst

Wünschen möchte ich lernen
mit dir und gegen dich
dasein möcht ich für dich
ohne mich aufzulösen

Dein bin ich und nicht dein
aber immer noch vielmehr dein
als ich je mein war
was man genau genommen
für einen gottesbeweis halten kann

7
»Die Heiligkeit des Lebens berühren und miteinander teilen«

Die ermutigende Kraft der Tradition

Es ist eine Illusion anzunehmen, Menschen gingen in die Kirche, um dort Gott zu finden. Solche Begegnungen und Treffen finden statt, um Gott zu teilen: Jeder bringt etwas mit von Gott, um es in der Gemeinsamkeit miteinander zu teilen: Du bringst deinen Hunger nach Gott mit, dein Stückchen Freude im Leben hast du in der Tasche, was du bereits weißt von Gott, der schon mal mit »Strömen der Liebe« auf dich geregnet hat – das alles bringst du mit. Vielleicht ganz klein, zerknittert, verschrumpelt – du bringst es mit. Ohne dich ist Gott kleiner! Und mit dir feiern wir den geteilten Gott, wir loben, schimpfen, klagen, wir rufen Gott näher herbei. Den Himmel erden – in uns und mit uns und nicht ohne dich, die da neben mir sitzt, und dich, der nicht ganz genau weiß, was das soll.

Ein kleiner Extratopf Hoffnung

Was hat man eigentlich davon, Christ zu sein? Außer Gottesdiensten, die uns oft kalt lassen; außer der Bibel, die wir oft nicht verstehen; außer Scherereien mit der Kirche, die uns oft alleinläßt? Was haben wir denn davon? Luise Schottroff hat gesagt: »Ich habe doch davon gehört, daß Jesus auferstanden ist.« Ich habe doch davon gehört – warum sagt sie »doch«? Weil sie dieses »doch« braucht, weil wir alle ein »doch« brauchen. Ich will mich nicht mehr zum Schweigen bringen lassen, ich habe doch gehört, daß Gott Gerechtigkeit will, die wie ein Fluß strömt; ich habe doch gehört, daß die Armen selig sein sollen; ich habe doch sagen hören, daß die Militärstiefel und die blutbefleckten Soldatenmäntel ins Feuer geworfen und verbrannt werden. Ich habe doch gehört, daß die Lahmen gehen und die Stummgemachten sprechen.

Was bedeutet es denn, »etwas gehört« zu haben? Gegen den Augenschein, der uns davon überzeugen will, daß das Unrecht für ewig herrscht, daß es Kriege immer gegeben hat, daß die Gewalt das Recht der Menschen zerstört, haben wir etwas anderes gehört. Gegen die sanfte Manipulation unseres Bewußtseins, die uns einreden will, daß wir in einem geordneten und friedlichen Land leben und der Gnade der späten Geburt teilhaftig geworden sind, haben wir etwas davon gehört, daß die Hungrigen mit Gütern gefüllt und die Satten leer weggeschickt werden. Der Zustand des wirtschaftlichen Unrechts, in dem sich die Länder der Zweidrittelwelt auf Jahrzehnte hin verschulden, soll nicht ewig währen.

Und wir haben gehört, daß Gott die Erde doch liebt und Frost und Hitze, Sommer und Winter, Tag und Nacht verspricht und sie nicht einem nuklearen Winter ausliefern will.

Dieses »doch« Gottes, der Einspruch gegen die Hoffnungslosigkeit, ist das Wichtigste, was das Christentum uns gibt. Ich habe doch gehört – das heißt mit einem großen und starken Wort: Tradition. Wir haben eine Tradition. Uns ist etwas überkommen. Vor uns waren schon andere da, die Angst hatten und kleine Leute waren, denen aber Hoffnung geschenkt wurde. Unsere Mütter und Väter schon haben sich Geschichten von der Rettung erzählt, und unsere Großeltern waren nicht allein beim Sterben. Vor uns haben schon andere Angst gehabt und sind gerettet worden, vor uns waren schon andere lahm und bekamen gesagt: »Nimm dein Bett und wandle!« Vor uns waren schon Menschen im Ägypten des Wohlstands und der Unterdrückung versunken – und wurden doch von der Beherrschung durch eine ausländische Militärmacht frei. Vor uns weinten schon Mütter und gingen zu den Gräbern und wurden getrost. Vor uns suchten Menschen schon Gott und wollten einen anderen Frieden als den auf Gewalt gebauten und fanden Gott und wurden stark in Gott.

Die Tradition hat diese große schützende und ermutigende Kraft dann, wenn sie in unsere eigenen Kämpfe und Schmerzen eintritt, wenn sie in unser reales Leben hineinspricht. Wenn sie das nicht tut, ist sie bloßes Papier, du kannst sie vergessen. Wenn wir unser eigenes Leben nicht kennen, wenn wir uns weigern, zur Kenntnis zu nehmen, wie die türkischen Kinder in der Nachbarsiedlung leben, dann spricht auch die Tradition, die über Fremdlinge und Beisassen redet, nicht zu uns. Wenn wir geflissentlich übersehen, wie unsere Flüsse zerstört sind, dann bleibt unser Lob des Gottes, der Wasser aus der Erde quellen läßt, oberflächlich. Auch die beste Tradition antwortet nur auf die Fragen, die wir wirklich von ganzem Herzen stellen. Darum verstehen die Traditionalisten, die meinen, keinen Anlaß zu Sorge oder Angst zu haben, die Tradition der Bibel überhaupt nicht; sie plappern sie nur nach. Wo keine Frage ist an unser eigenes Leben, an unser Land und seine Vision, an unseren Alltag und seine Brutalität, da wird die Tradition rein dekorativ.

Je mehr wir uns aber in die Kämpfe und Ängste unserer Welt verwickeln, desto mehr wird das alte Papier zu Brot. Ich empfinde oft, wenn ich mit säkularen Menschen und Nicht-Christen zusammen bin, daß ich einen kleinen heimlichen Extratopf habe, der ist voller Hoffnung. In ihm sind Geschichten und Sprüche, Lieder und Gebete.

Manchmal hole ich etwas aus meinem Extratopf und verteile es an meine nach-christlichen Schwestern und Brüder. Dann sind sie oft ganz erstaunt darüber, was in meinem Extratopf alles drin ist und wie nützlich es ist für eine Gegenwart, die mehr Niederlagen des Friedens und der Gerechtigkeit kennt, als wir glauben aushalten zu können.

Was Christsein bedeutet

Warum bin ich Christ? Es ist ja nicht einfach eine Realitätsbeschreibung, ich »bin« Christ nicht wie ich weiß oder deutsch oder Mutter bin, ich »bin« heißt hier so viel wie ich versuche, ich lebe darauf hin, ich werde. »Lord, I want to be a Christian, in my heart«, wie es in einem Spiritual heißt. Ich nenne mich nach einem Menschen, der vor 2000 Jahren zu Tode gefoltert wurde und der nicht umzubringen war. Ich identifiziere mich mit ihm. Ich traue seiner Wahrheit mehr als anderen Stücken von Wahrheit, die ich zu Gesicht bekommen habe, und sicher mehr als meiner eigenen. Ich »identifiziere« mich, das bedeutet: Ich kann meine Identität nicht beschreiben, ohne über ihn zu reden. Ich, nur als weiß, deutsch, Mutter, Lehrerin, Schriftsteller oder was sonst noch alles – das wäre mir zu wenig, weil es diese Identifikation verschwiege, diese spezifische Auslegung dessen, was es heißt, ein Mensch zu werden. Wenn ich vermeide, über das Christsein zu sprechen, dann gerate ich in Gefahr, nur zu sagen, was ist – und gerade das ist zu wenig. Zu meiner Identität gehört mehr als mein individuelles Dasein, ja die »ist«-Beschreibung ist ein Gefängnis, das man verlassen muß. Transzendenz ist ein notwendiger täglicher Akt. Ich höre nicht da auf, wo meine Arme enden, so wie ich nicht erst da anfange, wo ich geboren wurde. Nur transzendierend sind wir lebendig. Das bedeutet, daß wir lernen können, die alltäglichen Akte des Transzendierens wahrzunehmen, daß wir aufmerksam werden auf die Bewegungen, in denen sich das menschliche Leben herstellt, auf die Augenblicke, in denen das Gesicht eines Menschen zum Gesicht eines Menschen wird. Das bedeutet auch, daß wir aufmerksam werden auf die materiellen und geistigen Bedingungen, in denen Menschen das Lebendigsein weggenommen wird, in denen sie von der Transzendenz abgeschnitten werden: durch Hunger und Elend, das alle Kräfte auf das Überleben richtet, so daß fürs Leben nichts mehr übrig bleibt, durch die Situation entfremdeter Arbeit in einem sinnlosen Leerlauf, durch das Existieren im consumismo, in dem unser Leben und Sein sich nur als Bekommen und Haben ausdrückt. Die Würde des Menschen ist die Fähigkeit zu überschreiten, was ist.

Christus lädt uns ein, an diesem Geheimnis teilzunehmen. Er stellt in uns eben diese Potenz wieder her. Wir sind Menschen, sagt er. Nicht Maschinen, nicht bloße Produzenten des Bruttosozialprodukts, nicht Agenten einer zum goldenen Kalb gemachten »nationalen Sicherheit«, nicht machtlos den Systemzwängen Unterworfene. Wir sind vielmehr transzendenzfähig, weil wir mit anderen verbunden leben. Es gibt eine Einheit des Lebens, des menschlichen Lebens, das jeder von uns hat, mit der Transzendenz, das ist eine Grundaussage christlicher Anthropologie. Ich bin verbunden mit, ich gehöre zu, also bin ich. Alle anderen möglichen Begründungen meines Daseins, wie die cartesianische (ich denke, also bin ich) oder die von Albert Camus (ich revoltiere, also bin ich), setzen mir zu spät an. Nur weil ich verbunden bin mit allen in Christus, darum hat es Sinn zu denken und darum bin ich genötigt, Widerstand zu leisten.

Christ bin ich wegen Christus. Ich will versuchen, diesen Satz in seinen Voraussetzungen und seinem Inhalt zu entfalten. In ihm steckt eine Voraussetzung philosophischer Art, die das Realitätsverständnis betrifft. Real sein heißt bezogen sein, in Beziehungen leben, in, von und auf Beziehungen hin leben. Je mehr Beziehung, desto mehr Realität, je weniger Beziehung, desto mehr Tod. Diese Beziehungshaftigkeit bedeutet, daß wir immer schon mit, von und unter »Bildern« leben, unter früheren oder von anderen überlieferten Bildgestalten des Lebens. Ich kann mir nicht vorstellen, wie man ein Mensch werden kann ohne Bilder, Vorbilder, Gestalten und Stimmen, die zu mir sprechen. Bilder haben, Bilder in sich tragen, sich von Bildern ziehen lassen ist ein Teil des Vorgangs, den wir im Deutschen mit einem ebenso mißbrauchten wie unersetzlichen Wort »Bildung« nennen. Ich werde gebildet, indem ich in Beziehungen lebe und Bilder aufnehme, die mich formen und ändern. Eine bilderfreie Existenz, von der manche aus Angst vor Ideologien träumen, scheint mir unmöglich; die Illusion, bilderfrei leben zu können, ist gefährlich, weil sie die reale Macht der Bilder übersieht. Hier gilt die alte theologische Erkenntnis, daß, wo Gott nicht ist, nicht etwa nichts ist, sondern Götzen ihr Unwesen treiben. Der Wissenschaftsfetischismus, also die Illusion, ohne Bilder leben zu können, bereitet den Raum für die Götzen vor. In diesem Sinne gibt es gar kein Leben, das religionsfrei wäre, weil es kein bilderloses Leben, kein entwurffreies Leben gibt. Wir sind immer schon in Beziehungen, die uns prägen und fordern, wir leben immer schon mit und unter Bildern, die uns trösten und Sinn zusprechen. Die Frage, die zählt, ist nur, welche Forderungen, welchen Trost und welche Versprechen uns die Bilder anbieten.

Christ bin ich, wenn ich glaube, daß alles möglich ist. Blinde lernen sehen, alte Nazis hören auf zu verdrängen,

Technokraten hören den Machtlosen zu. Die Lahmen gehen, die Tauben hören, die Armen hören die Nachricht von der Befreiung. Vielleicht muß man an dieser Stelle den individualistischen Ton des Spirituals verlassen und aus dem Ich ins Wir, aus dem Voluntarismus in die Erfahrungen der Geschichte übergehen. Christ bin ich, weil ich glaube, daß das, was allen versprochen war, möglich ist.

Jesus von Nazareth hat mit seinem Leben etwas versucht, was ich auch will, an dem mir tatsächlich »alles« liegt. Da der Ausgang seines Experiments ungewiß ist, kommt es darauf an, daß möglichst viele, möglichst alle daran mitarbeiten: mit Wunder tun, mit leiden, mit erzählen, mit teilen.

Er ist mein Bruder, der, etwas älter als ich, mir immer schon einen Tod voraus ist; der, etwas jünger als ich, verrückter, mir immer schon ein Wunder voraus ist.

Was tut er mir? Ich lerne von ihm. Wenn man nicht mehr lernt, ist man tot, und von ihm lerne ich am meisten. Er spricht von meinem Leben so, wie ich will, daß von ihm gesprochen wird, ohne jede Verachtung. Er läßt es nicht zu, daß nur ein einziger Tag meines Lebens gering geachtet, sinnlos, ohne das große Experiment sei. Ich lerne von ihm, allen Zynismus zu überwinden. Diese Lektion finde ich heute am schwersten – es gibt überzeugende Gründe, Menschen zu verachten, es gibt großartige Gründe, mich selber zu verachten. Es gibt eine Versuchung, das Leben nur teilweise, nur ein Stück weit, nur unter Umständen zu bejahen. Er beschämt mich – meine endliche, ungeduldige, teilweise oberflächliche Bejahung. Er lehrt mich ein unendliches, revolutionäres, nichts und niemanden auslassendes Ja.

Credo

Ich glaube an gott
der die welt nicht fertig geschaffen hat
wie ein ding das immer so bleiben muß
der nicht nach ewigen gesetzen regiert
die unabänderlich gelten
nicht nach natürlichen ordnungen
von armen und reichen
sachverständigen und uninformierten
herrschenden und ausgelieferten
ich glaube an gott
der den widerspruch des lebendigen will
und die veränderung aller zustände
durch unsere arbeit
durch unsere politik

Ich glaube an jesus christus
der recht hatte als er
»ein einzelner der nichts machen kann«
genau wie wir
an der veränderung aller zustände arbeitete
und darüber zugrunde ging
an ihm messend erkenne ich
wie unsere intelligenz verkrüppelt
unsere fantasie erstickt
unsere anstrengung vertan ist
weil wir nicht leben wie er lebte
jeden tag habe ich angst
daß er umsonst gestorben ist
weil er in unseren kirchen verscharrt ist

weil wir seine revolution verraten haben
in gehorsam und angst
vor den behörden
ich glaube an jesus christus
der aufersteht in unser leben
daß wir frei werden
von vorurteilen und anmaßung
von angst und haß
und seine revolution weitertreiben
auf sein reich hin

Ich glaube an den geist
der mit jesus in die welt gekommen ist
an die gemeinschaft aller völker
und unsere verantwortung für das
was aus unserer erde wird
ein tal voll jammer hunger und gewalt
oder die stadt gottes
ich glaube an den gerechten frieden
der herstellbar ist
an die möglichkeit eines sinnvollen lebens
für alle menschen
an die zukunft dieser welt gottes
amen

Kirche außerhalb der Kirche

Als ich ein Kind war, brachte man mir bei: Christ ist, wer zur Kirche geht. Aber als ich erwachsen wurde, merkte ich, daß Christus nicht nur in der Kirche ist, weil er sozusagen inkognito, unter anderem Namen, in der Welt lebt und handelt, weil er dort ist, wo Menschen anders als zuvor, wirklicher und befreiter leben, und weil er dort gekreuzigt wird, wo Menschen um ihr Leben gebracht werden – in welchen Formen auch immer. Wir können nicht mehr absehen von der Gegenwart des »größeren Christus« in der Welt, wenn wir wirklich glauben wollen, daß Christus für alle Menschen gestorben ist. Gott hat uns in Christus freigemacht und damit die Grenzen gesprengt, so daß die verfaßte Kirche nicht mehr der einzige Ort ist, wo nach Christus gefragt und an ihn geglaubt wird. Gibt es nicht als Folgeerscheinung der Säkularisation eine »Kirche außerhalb der Kirche«, eine verborgene, eine latente Kirche, in der Christus wie einst auf dem Weg nach Emmaus unerkannt gegenwärtig ist?

Erscheint nicht der Glaube an Christus heute sowohl in der offiziellen oder manifesten Kirche wie auch außerhalb derselben, nämlich dort, wo das Leben der Freigewordenen anbricht und gelebt oder auch nur erwartet wird, wo um dieses neuen Lebens willen gelitten und zugleich gehofft wird, wo Menschen es nicht aufgeben, nach diesem neuen Leben zu fragen, und sich nicht einverstanden erklären mit den Lösungen des billigen Glücks, mit deren Hilfe man heute das Reich Gottes zu verraten pflegt? Wo immer Menschen auf Gottes Reich warten, da ist Christus bei ihnen, da wartet er mit ihnen, auch wenn sie seinen Namen nicht nennen. Wo immer Menschen ihre Hoffnungen begraben haben, sei es unter billigem, überall angebotenem Glück, sei es unter billiger, immer schon besessener Gnade, da ist Christus mit begraben. Der Maßstab der latenten Kirche ist die Hoffnung, die sie hegt. Sie ist vor allem Kirche der Erwartenden.

Nichts läßt uns das Wesen eines Menschen so deutlich erkennen wie die Hoffnungen, die er hegt und die ihn tragen. Wenn nirgendwo mehr von Christus die Rede wäre, so würden doch die Spuren, die Erwartung und Sehnsucht in die Züge eines menschlichen Gesichts eingeschrieben haben, auf elementare Weise nach der Gegenwart Christi in der Welt rufen. Hoffnung ist größer – und verzweifelter geworden seit Christus, und diese Hoffenden und Enttäuschten zwingen uns, die Grenze zwischen »drinnen« und »draußen« abzubauen.

Kirche ist auch außerhalb der Kirche. Bei dieser Feststellung können wir uns allerdings nicht beruhigen, es ist vielmehr unsere Sache, über ein besseres Verhältnis zwischen manifester und latenter Kirche nachzudenken. Die Zukunft der Kirche hängt davon ab, ob und wie die Mauern der verkirchlichten Kirche abgebaut oder durchlässiger gemacht werden können. Die Zukunft der Kirche hängt ab von ihrer Fähigkeit zu Selbstkritik und Veränderung.

Noch ist die Mauer zwischen latenter und manifester Kirche allzu undurchlässig. Beide, die weltliche und die kirchliche Kirche, sind aufeinander angewiesen. Beide Formen christlicher Existenz, die wir in unserer Welt vorfinden und mit denen wir ohne Abwertungen und Emotionen auf beiden Seiten rechnen müssen, sind voneinander abhängig.

Die verfaßte Kirche hat ihre Existenzberechtigung in der Verkündigung des Evangeliums. Das Evangelium geschieht zwar auch schon ohne dies in der Welt, aber es will gesagt, erläutert, gedacht und weitergegeben werden. Die Kirche außerhalb kann überhaupt nur entdeckt werden von der sichtbar verfaßten Kirche her. Ohne deren Wirklichkeit, an die sie anknüpfen und der sie widersprechen kann, wäre sie nicht, was sie ist. Sie entsteht aus der weitergegebenen christlichen Botschaft, und nur weil organisierte Kirche war und ist, darum kann sich immer neu latente Christlichkeit bilden.

Der Trost des Evangeliums und die Kritik des Kreuzes sind das, was die offizielle Kirche der latenten schuldet und, so müssen wir zugeben, weithin schuldig bleibt. Es besteht kein Anlaß, die Kirche, die nichts so sehr brauchen könnte wie die Menschen der latenten Kirche, nämlich ihre Wahrnehmungsfähigkeit, ihre Phantasie und ihre Fähigkeit zu hoffen, hier von Schuld freizusprechen. Solange die Kirche nicht selber das ihr Mögliche tut, dem modernen, demokratischen und kritischen Bewußtsein in ihr einen Ort mit konkreter Verantwortung zu bieten, solange wird die Entwicklung der inneren Emigration aus der Kirche weitergehen. Die lebendigen Kräfte ziehen sich zurück, weil sie nicht gebraucht werden und weil sie das, was sie brauchen, hier nicht erhalten. Die latente Kirche ist die große Warnung an die manifeste Kirche; weil christliche Existenz kein Monopol der verfaßten Kirche ist, darum kann es sein, daß die erstarrte Kirche des »Drinnen« auch alle die verlieren wird, die sie menschlich und geistig tragen und vorwärtsbringen könnten. Da nur die manifeste Kirche eine geschlossene und greifbare Institution darstellt, wäre es genau ihre Aufgabe, das Verhältnis zur latenten Kirche zu erkennen und zu verändern.

Wie ich mir Theologie wünsche

Nicht zuletzt durch die vielen Versuche der Basis, sich in der Friedens- und Ökologiebewegung die biblische Tradition anzueignen, hat mein Verständnis von Theologie mit der Zeit einen gewissen antiakademischen Touch bekommen. Ich war der Auffassung, daß die Theologie den Glauben der Menschen dort, wo er lebendig und praktisch ist, reflektieren und klären helfen soll. Der Ansprechpartner für die Theologen, der *interlocutor* und Fragensteller, sind die Gruppen in den Gemeinden, die in Frauen- und Friedensbewegung, in Ökologie- und Asylfragen christlich zu leben versuchen.

Noch meine theologischen Väter wie Karl Barth und Rudolf Bultmann haben einen großen Teil ihrer Arbeitskraft investiert, in Gemeinden zu wirken, auf Pfarrkonferenzen zu gehen oder die Briefe wütender Pfarrer zu beantworten. Sie waren für die Kirche da, während die heutige Herrschaftstheologie akademische Partner hat, zum Beispiel aus den Naturwissenschaften. Da findet Theologie als Beratung auf Topebene statt, und die Gruppen, wie zum Beispiel die Frauenarbeit für Südafrika, spielen keine Rolle. Ich bleibe an der Kirche als Solidar-, Glaubens- und Kampfgemeinschaft elementar interessiert, während ich die Anbiederung der Theologie an die Wissenschaft vielfach als kontraproduktiv empfinde: Angesichts dessen, was wirklich auf der Welt passiert, haben die klügsten Köpfe der westdeutschen Theologie in lang debattierten Streitfragen wie der, wie wissenschaftlich Theologie sein kann oder soll, ihre schärfsten Messerchen benutzt, um die dünnsten Haare, die sie finden konnten, zu spalten.

Mir wird das deutlich an der Frage: Was wähle ich aus, um mich mit der Bibel zu beschäftigen? Was ist für mich wichtig, und warum mache ich das? Luise Schottroff hat mir einmal erzählt, daß sie Ende der siebziger Jahre bei einer der feineren wissenschaftlichen Gesellschaften angeregt hatte, über Armut im Neuen Testament zu arbeiten. Verlegenes Schweigen, weil kein jüngerer Neutestamentler mit einem solchen Thema seine Karriere riskieren wollte, zumal nicht in Deutschland. Selbst wenn das Thema im Neuen Testament auf jeder Seite vorkommt, weiß man doch nur zu genau, daß das zu unangenehmen inhaltlichen Konsequenzen führen kann.

Ich denke, daß Theologie zwar Anteile der Wissenschaft braucht, aber eigentlich näher an Praxis, Poesie und Kunst ist als an der Wissenschaft. Jahrhundertelang waren die besseren Theologen eher Künstler als Wissenschaftler. Ich denke zum Beispiel an Michelangelo, der in seinem Schöpfungsbild in der Sixtinischen Kapelle zwar Adam zeigt, wie er von Gott berührt zum Leben erwacht, zugleich aber Eva längst bei Gott, in seiner Nähe, von ihm umarmt, darstellt. Auch die theologisch interessanteren Schriftsteller wie Lessing, Hamann, Pascal, aber auch Kafka, haben eine Tendenz zu einem anderen Umgang mit der Sprache. Das ist Theologie, die ich mir wünsche, wenn ich mir ein theologisches Reich Gottes vorstelle, obwohl ich annehme, daß wir dann gar keine Theologie mehr brauchen.

„Wir gehn uns nicht verloren"

»Wir gehn uns nicht verloren«
sagte ernst bloch zu mir an der haustür
neben der kleinen zypresse
jahre vor seinem tod

Mit den wünschen ist es so
manche fliegen nur so ins ziel
manche stolpern und kriechen
viele sterben zu früh
und kommen zum sperrmüll
manche rennen davon
verlassen vater und mutter
und rufen wohl nachts einmal an
von der zelle
dann wachen wir auf und wissen
da war doch was

Mit der religion ist es so
ein haus in das wünsche kommen dürfen
bekleidet oder nackt
nennen wir eine kirche
ein buch mit rufen wie
komm doch reinige mich führe uns
nennen wir ein gebetbuch
ein andenken an die gestorbenen
und ihre lebenden wünsche
nennen wir kommunion
die geschichte von einem
der gründlicher wünschte als wir
nennen wir das evangelium

Aus der Gewißheit Gottes leben

Viele entwerfen – vom Sonnenkollektor bis zur nachträglichen Kriegsdienstverweigerung – immer wieder Baupläne einer gewaltfreien Zukunft, aber zu einer Vision gehört noch ein anderes Element, das zu benennen mir nicht leicht fällt, weil die einzige Sprache, die es ausdrücken kann, die Menschheitssprache der Religion ist – also eine, die in unserem Kontext von sehr vielen Menschen als verbraucht, nichtssagend oder zerstört empfunden wird. Zu einer Vision gehört das Element gegenwärtiger, absoluter Gewißheit, das Bewußtsein der Nähe Gottes.

Gerade in den letzten Jahren ist mir immer deutlicher geworden, wie sehr ich vom Hier und Jetzt der Gewißheit Gottes lebe, dieser Präsenz, über die zu sprechen wir uns so schwer tun. Indem ich Erfahrungen mit dem gegenwärtigen Licht machte, lernte ich mich kennen als eine, die eben das braucht. Gewißheit, Klarheit, die große Stille des innersten Friedens mitten im Sturm – das gehört für mich zum Geheimnis des Lebens, von dem ich – manchmal – weiß, daß es mich trägt.

Gegenwart Gottes und Teilen des »Inneren Lichts« bedeutet für mich zuerst eine bestimmte Wahrnehmungsperspektive, die christliche, die jeweils von den Opfern einer Situation ausgeht und eben sie »sieht«. Es bedeutet sodann ein lebendiges Gespräch mit der Tradition, vor allem der Bibel, den Versuch, von ihr zu lernen. Und drittens heißt es, sich vom Beispiel anderer ermutigen zu lassen, von anderen zu hören, die Schritte der Absage und des neuen Anfangs gemacht haben. Wahrnehmung, Tradition und Ermutigung stellen zusammen ein

Teilen der Hoffnung dar. Oft sind es nur kleine Stückchen Brot, die wir teilen, aber sie sind es, die mich aus dem Zirkel derer, die Katastrophen-Wissen anhäufen, entfernen und mich stärken. Die »Zeichen«, die Geschichten gewöhnlicher Leute, die Zeugen der Wahrheit helfen mir, in den Widerstand, den wir brauchen, hineinzuwachsen. Sie helfen mir zu sehen und genauer zu wünschen. In diesem Sinn helfen sie mir zu beten.

Lesen

Eine afrikanische frau
auf einer konferenz befragt
warum sie denn immer die bibel läse
es gäbe doch so viele bücher
sie könne doch nun lesen und schreiben
gab in die enge getrieben
schließlich die antwort
ich lese doch gar nicht
das buch liest mich

Die alte Lehrerin, die Bibel

Es ist schon merkwürdig, daß sich am ersten Abend eines Kirchentages hunderttausend Menschen um einen Text versammeln und seine Auslegung hören, daß an jedem Morgen Tausende sich um die Weisheit eines uralten Buches versammeln und »Bibelarbeit« betreiben. Diese Texte gehen dann durch den Tag mit, sie stellen sozusagen im Gespräch eine dritte Stimme dar.

Evangelisch sein heißt keinen Papst haben, aber ein Buch. Das bedeutet nicht, daß wir die Wahrheit einfach aus dem Buch ablesen können. Es geht gerade nicht um einen geistlosen Biblizismus, aber um das Hören auf eine andere Stimme als unsere eigene. Ich erinnere mich an ein Gespräch mit einer Historikerin, die keine Beziehung zur Religion hat, sich aber mit dem deutschen Judentum im 18. Jahrhundert beschäftigt. Sie sagte mir, fast neidisch: Wie merkwürdig und wie großartig, daß diese Menschen ein Buch haben und daß sie alles auf dieses Buch beziehen. So, als wäre die Welt noch lesbar! Von dieser Sehnsucht nach der Lesbarkeit der Welt ist die immer noch wachsende Bedeutung der Bibel in den Kirchentagen getragen.

Widerspricht das aber nicht dem Pluralismus, der so auffällig ist? Ja und nein, würde ich sagen. Nein, weil die Wahrheit ein Gespräch ist und kein Diktat. Niemand soll ausgeschlossen oder zwangsmissioniert werden. Ja, weil diese alte andere Stimme ein Recht hat, das ihr niemand streitig machen kann. Der Pluralismus innerhalb der Kirche ist nicht reine Beliebigkeit, in der jeder denken und glauben kann, was ihm oder ihr gerade paßt. Er ist ein methodisches, kein inhaltliches Prinzip. Im Streit um die Wahrheit haben wir nicht nur die Stimmen der Gruppen, die miteinander ringen. Wir haben diese andere Stimme der Tradition, diese anderen Geschichten von möglichem Leben, dem Wunder der Gerechtigkeit, vom Sturz der Tyrannen, von der Heiligkeit der Armen. Wir hören auf diese alte Lehrerin, die Bibel, die keineswegs alles duldet, sondern mitspricht. Lebensvisionen und Gewissen wachsen schließlich nicht von selber, sie müssen gelernt werden, und dabei hilft unsere alte Lehrerin.

Psalmen essen

Die Psalmen sind für mich eins der wichtigsten Lebensmittel. Ich esse sie, ich trinke sie, ich kaue auf ihnen herum, manchmal spucke ich sie aus, und manchmal wiederhole ich mir einen mitten in der Nacht. Sie sind für mich Brot.

Ohne sie tritt die spirituelle Magersucht ein, die sehr verbreitet unter uns ist und oft zu einer tödlichen Verarmung des Geistes und des Herzens führt. Materieller Reichtum und technologisches Wissen stellen in unserem Teil der Erde die Bedingungen für den spirituellen Tod der Überentwickelten dar. Und so möchte ich als erstes sagen: Eßt die Psalmen. Jeden Tag einen. Vor dem Frühstück oder vor dem Schlafengehen, egal. Haltet euch nicht lang bei dem auf, was ihr komisch oder unverständlich oder bösartig findet, wiederholt euch *die* Verse, aus denen Kraft kommt, die die Freiheit, Ja zu sagen oder Nein, vergrößern.

Findet euren eigenen Psalm. Das ist eine Lebensaufgabe und viel zu groß für uns, aber laßt euch nicht unnötig verkleinern. »Meine Seele singe zu Gott« – so haben Menschen, die innerhalb furchtbarer Verkleinerungszwänge lebten, gebetet. Hungrige, Verkrümmte, Geängstigte, an Geist und Seele verkümmerte Frauen haben das gewußt und gesungen. »Lobe den Herrn, meine Seele«, haben sie zu ihrer Seele gesagt. Eßt den Psalm, Gott hat schon Brot gebacken, die Väter und Mütter des Glaubens haben schon für uns vorgesorgt. Eßt und lernt, Brot zu backen.

Was man davon hat, fragt wohl mancher. Ja, was bringt das eigentlich, diese merkwürdige veraltete Tätigkeit, die man »beten« nennt oder meditieren oder Psalmen essen? Bibel»arbeit« ist unbezahlte Arbeit für alle, die sich daran beteiligen. Es bringt also nichts. Oder?

Andere Christen in der Ökumene, zum Beispiel die Leute in Brasilien, nennen das »die Bibel beten«. Bringt das was? Diese Art von Arbeit, diese Art von Beten? Ich will mich nicht vor dieser Frage drücken, aber ehe ich sie zu beantworten versuche, will ich noch etwas zu den Psalmen sagen, das ganz bestimmt für Psalm 104 gilt: Sie sind Gebetsformulare, du sollst sie ausfüllen. Ein Formular, das ist ein Ding, in das du deinen Namen reinschreibst, dein Geburtsdatum, deine Adresse, und so möchte ich euch alle bitten, daß ihr da, wo »meine Seele« steht, euren Namen einsetzt, von Adelheid bis zu Zwetlana und von Anton bis zu Xaver, und das ist natürlich nur der Anfang. Der Psalm ist ein Formular, und du sollst deinen Namen eintragen und deinen Schmerz, deine Freude und dein Glück und deine Ängste und deine Erde und deine Bäume und alles, was du liebst.

Ich will eine Geschichte erzählen, die ich von einem alten Indianer aus Utah, USA, gehört habe. »Als ich ein Kind war«, sagte Quentin, der später Missionar geworden war, »blieb ich oft bei meiner Großmutter. Jeden Morgen sang sie ein Lied, wenn sie der Sonne half aufzustehen und wenn sie die Schönheit der Welt wieder anschaute. Ich hörte ihr Morgenlied und sah sie an, und sie war irgendwo anders, irgendwo, wo ich auch sein wollte. Dieses sah ich auch beim Sonnentanz und beim Bärtanz in den Gesichtern der Menschen meines Volkes. Ich hörte es in den sanften Utah-Stimmen. Wenn ich im Gras lag und die Wolken spielen sah und hörte, wie sie sich ihre Geschichten erzählen, dann wurde mir klar, daß es Segen war, was ich auf ihren Gesichtern las.« Die Großmutter half der Sonne beim Aufstehen. She helped the sun to rise.

Ich bin beim ersten Vers des 104. Psalms.

Lobe den Herrn, meine Seele.
Den Ewigen preise, meine Seele.
Benedeie, meine Seele, Gott.
Preise, meine Seele, den Ewigen.

Ich habe versucht zu sagen, was »meine Seele« und diese »hymnische Selbstermunterung« bedeutet, wie die Gelehrten das gern nennen. Noch schwerer ist zu sagen, was dieses Loben, Preisen, Benedeien bedeuten soll. Ein Lehrer, von dem ich vielleicht am meisten für den Glauben gelernt habe, ist Martin Buber. Er übersetzt den ersten Vers einfach: »Segne, meine Seele, Ihn.«

Was ist das, Segnen? Es hat etwas von Danken, von Glauben und Zutrauen, etwas von Glück, Wünschen und Hoffen, etwas von Behütenwollen und Lieben in sich, aber es ist noch mehr. Segne, meine Seele, Ihn. Daß Gott *uns* segnen kann, das haben wir schon manchmal gehört. Eingang und Ausgang, Nahrung und Reisen, Geburtstage und Neue Jahre – das sind Lebensübergänge, in denen wir Segen brauchen. Aber daß wir Ihn, daß ich den Ewigen segnen soll, ist das nicht eine verrückte Anmaßung? Ist es nicht ein bißchen viel, daß meine Seele, dieses mein ohnmächtiges, abhängig-gieriges, verzweifelt in sich verkrümmtes Ich, Ihn, den Ewigen, segnen kann?!

Nun, die Psalmen leben von solchen verrückten Annahmen über das, was eine Seele tun kann. Es stimmt nicht, daß die Bibel den Menschen klein und ohnmächtig macht, sie sieht uns als fähig an zu diesem großen Ja.

Quellenverzeichnis

Alle vorgenommenen Kürzungen und Änderungen sind mit der Autorin abgesprochen

Kapitel 1: „Erinnert euch an den Regenbogen"
Schöpfung und Zukunft

Ohne Überschrift („Schöpfung und Zukunft"), aus: Dorothee Sölle: Lieben und arbeiten. Eine Theologie der Schöpfung. © Hoffmann und Campe, Hamburg 1999, S. 233

Die sieben Farben, die zusammen das Licht sind, aus: Dorothee Sölle: Das Recht auf ein anderes Glück. © Kreuz Verlag, Stuttgart 1992, S. 138–140

Die Verbundenheit alles Lebendigen, aus: Dorothee Sölle: Lieben und arbeiten. Eine Theologie der Schöpfung. © Hoffmann und Campe, Hamburg 1999, S. 36–39

Eine geschichte aus dem talmud und fragen für uns, aus: Dorothee Sölle: spiel doch von brot und rosen. © Wolfgang Fietkau Verlag, Kleinmachnow 1981, S. 114–115

Eine neue Spiritualität der Erde, aus: Dorothee Sölle/Luise Schottroff: Den Himmel erden. Eine ökofeministische Annäherung an die Bibel. © Deutscher Taschenbuch Verlag, München 1996, S. 56–61

An der Versöhnung der Schöpfung mitarbeiten, aus: Dorothee Sölle: Lieben und arbeiten. Eine Theologie der Schöpfung. © Hoffmann und Campe, Hamburg 1999, S. 166–168

Ein gebet nach dem ersten johannesbrief 3 vers 2, aus: Dorothee Sölle: zivil und ungehorsam. © Wolfgang Fietkau Verlag, Kleinmachnow 1990, S. 108–109

Unser täglich Brot, aus: Dorothee Sölle: Träume mich, Gott. © Peter Hammer Verlag, Wuppertal 1994, S. 138–141

Street flower, aus: Dorothee Sölle: zivil und ungehorsam. © Wolfgang Fietkau Verlag, Kleinmachnow 1990, S. 100

Kapitel 2: „Meine Seele sieht das Land der Freiheit“
Die verändernde Macht der Gerechtigkeit

Ohne Überschrift („Gerechtigkeit braucht Beharrlichkeit"), aus: Dorothee Sölle: Es muß doch mehr als alles geben. © Hoffmann und Campe Verlag, Hamburg 1992, S. 154

Trost, Gerechtigkeit, Mut, aus: Dorothee Sölle: Es muß doch mehr als alles geben. © Hoffmann und Campe Verlag, Hamburg 1992, S. 158–160

Die große Wut im Bauch, aus: Dorothee Sölle/Fulbert Steffensky: Nicht nur Ja und Amen. © Rowohlt Taschenbuch Verlag GmbH, Reinbek 1983, S. 12–13

Leicht und lächerlich – Erfahrungen mit der Einsamkeit, aus: Dorothee Sölle: Das Fenster der Verwundbarkeit. © Kreuz Verlag, Stuttgart 1987, S. 218–227

Fürchte dich nicht, aus: Dorothee Sölle: spiel doch von brot und rosen. © Wolfgang Fietkau Verlag, Kleinmachnow 1981, S. 20

Von der Verzweiflung zur Gerechtigkeit, aus: Dorothee Sölle: Gott denken, © Kreuz Verlag, Stuttgart 1990, S. 125

Gott ist, daß du den Armen speist, aus: Dorothee Sölle: Teschuwa. © Pendo Verlag AG, Zürich 1989, S. 48–49

Träume von der Liebe gegen die Gewalt, aus: Dorothee Sölle: Wählt das Leben. © Kreuz Verlag, Stuttgart 1980, S. 83–86

Das Geheimnis des Glaubens verstehen, aus: Dorothee Sölle: Das Recht auf ein anderes Glück. © Kreuz Verlag, Stuttgart 1992, S. 49–51

Kreuzigen, aus: Politisches Nachtgebet in Köln 2, im Auftrag des ökumenischen Arbeitskreises „Politisches Nachtgebet" hrsg. von Dorothee Sölle und Fulbert Steffensky, © Kreuz Verlag, Stuttgart 1971, S. 85–86

Weil Gott sich eingemischt hat, können wir uns einmischen, aus: Dorothee Sölle: Im Hause des Menschenfressers. Rowohlt Taschenbuch Verlag GmbH, Reinbek 1981, S. 20–21. © Dorothee Sölle

Es steht geschrieben, daß maria sagte, aus: Dorothee Sölle: die revolutionäre geduld. © Wolfgang Fietkau Verlag, Kleinmachnow 1974, S. 14–15

Kapitel 3: „Die Kraft, die uns nach Gott rufen läßt“
Schmerz und Auferstehung

Ohne Überschrift („Auferstehung ist das Symbol einer Macht"), aus: Große Frauen der Bibel. © Verlag Herder, Freiburg i. Br.

1993, S. 278

Johannes 20 vers 13, aus: Dorothee Sölle: zivil und ungehorsam. © Wolfgang Fietkau Verlag, Kleinmachnow 1990, S. 136

Aufstand des Lebens gegen den Tod, aus: Dorothee Sölle: Das Recht auf ein anderes Glück. © Kreuz Verlag, Stuttgart 1992, S. 92–93

Den Schrei der Leidenden lauter machen, aus: Dorothee Sölle: Leiden. © Verlag Herder, Freiburg i. Br. 1993, S. 44/217

Am Brot allein sterben wir, aus: Dorothee Sölle: Die Hinreise. © Kreuz Verlag, Stuttgart 1975, S. 7,11,16–18

Aus unseren tiefsten Erfahrungen – Theologie, aus: Dorothee Sölle: Im Hause des Menschenfressers. Rowohlt Taschenbuch Verlag GmbH, Reinbek 1981, S. 33. © Dorothee Sölle

Jakobs Ringen mit dem Unbekannten, aus: Dorothee Sölle: Es muß doch mehr als alles geben. © Hoffmann und Campe, Hamburg 1992, S. 64–74

Durchwachte Nacht, aus: Dorothee Sölle: zivil und ungehorsam. © Wolfgang Fietkau Verlag, Kleinmachnow 1990, S. 53

Christus hat keine anderen Hände als unsere, aus: Dorothee Sölle: Stellvertretung. © Kreuz Verlag, Stuttgart 1965/1982, S. 180/184

Von Gott reden nach Auschwitz, aus: Dorothee Sölle: Das Fenster der Verwundbarkeit. © Kreuz Verlag, Stuttgart 1987, S. 275–277

Laßt uns von der Auferstehung sprechen!, aus: Dorothee Sölle: Wählt das Leben. © Kreuz Verlag, Stuttgart 1980, S.134–135

Kapitel 4: „Die Träumenden zum Handeln bringen, die Handelnden zum Träumen“
Der Weg der Mystik

Ohne Überschrift („Christus ist wie Feuer“), aus: Dorothee Sölle: Das Fenster der Verwundbarkeit. © Kreuz Verlag, Stuttgart 1987, S. 344

„sunder warumbe“ – ohne Warum, aus: Dorothee Sölle: Mystik und Widerstand. © Hoffmann und Campe, Hamburg 1997, S. 87–89

Am Atem des Lebens, an Gottes Geistin teilhaben, aus: Dorothee Sölle: Den Himmel erden. Eine ökofeministische Annäherung an die Bibel. © Deutscher Taschenbuchverlag, München 1996, S. 167–170

Maria und Martha: Die Einheit von Handeln und Träumen, aus: Dorothee Sölle: Das Fenster der Verwundbarkeit. © Kreuz Verlag, Stuttgart 1987, S. 105–109

Du sollst dir kein Bildnis machen, aus: Dorothee Sölle: Den Himmel erden. Eine ökofeministische Annäherung an die Bibel. © Deutscher Taschenbuchverlag, München 1996, S. 83–84

Konzentrationsübung, aus: Dorothee Sölle: die revolutionäre geduld. © Wolfgang Fietkau Verlag, Kleinmachnow 1990, S. 8

Leer werden, aus: Dorothee Sölle: Teschuwa. © Pendo Verlag AG, Zürich 1989, S. 45–46

Mystik und Widerstand, aus: Dorothee Sölle: Mystik und Widerstand. © Hoffmann und Campe, Hamburg 1997, S. 15-21

Das gebet des windes in grandchamp, aus: Dorothee Sölle: verrückt nach licht. © Wolfgang Fietkau Verlag, Kleinmachnow 1984, S. 10

Freiwillige Armut: Dorothy Day, aus: Dorothee Sölle: Mystik und Widerstand. © Hoffmann und Campe, Hamburg 1997, S. 309–316

„Das Eis der Seele zu spalten", aus: Dorothee Sölle/Josef Mautner: Himmelsleitern. © Verlag Anton Pustet, Salzburg 1996, S. 61–62

Wir gehören nicht uns selber, aus: Dorothee Sölle: Und ist noch nicht erschienen, was wir sein werden. © Kreuz Verlag, Stuttgart 1987, S. 148

Kapitel 5: „Damit es Leben in Fülle für alle gebe"
Der Geist der Befreiung

Ohne Überschrift („Zeichen der Hoffnung"), aus: Dorothee Sölle: Gott im Müll. Eine andere Entdeckung Lateinamerikas. © Deutscher Taschenbuchverlag, München 1992, S. 10

Hoffen um der Hoffnungslosen willen, aus: Dorothee Sölle: Gott im Müll. Eine andere Entdeckung Lateinamerikas. © Deutscher Taschenbuchverlag, München 1992, S. 162–164

Gott im Müll, aus: Dorothee Sölle: Gott im Müll. Eine andere Entdeckung Lateinamerikas. © Deutscher Taschenbuchverlag, München 1992, S. 93

Frau doktor t in bolivien, aus: Dorothee Sölle: zivil und ungehorsam. © Wolfgang Fietkau Verlag, Kleinmachnow 1990, S. 81

Erinnerung an das Feuer, aus: Dorothee Sölle: Gott im Müll. Eine andere Entdeckung Lateinamerikas. © Deutscher Taschenbuchverlag, München 1992, S. 111–118

La casa de ernesto cardenal, aus: Dorothee Sölle: zivil und ungehorsam. © Wolfgang Fietkau Verlag, Kleinmachnow 1990, S. 22

Leben in seiner Fülle: Rede in Vancouver, aus: Dorothee Sölle: Das Fenster der Verwundbarkeit. © Kreuz Verlag, Stuttgart 1987, S. 33–41

Ein befreiendes religiöses Bewußtsein der Frauen, aus: Dorothee Sölle: Das Fenster der Verwundbarkeit. © Kreuz Verlag, Stuttgart 1987, S. 69–71, 82–83

Gott unsere Schwester, aus: Dorothee Sölle: Und ist noch nicht erschienen, was wir sein werden. © Kreuz Verlag, Stuttgart 1987, S. 119–123

Bibelkunde, aus: Dorothee Sölle: verrückt nach licht. © Wolfgang Fietkau Verlag, Kleinmachnow 1984, S. 60

Die salbende Frau: Namenlos und unvergessen, aus: Große Frauen der Bibel. © Verlag Herder, Freiburg i. Br. 1993, S. 264

Die Heilige Geistin, aus: Dorothee Sölle: Den Himmel erden. Eine ökofeministische Annäherung an die Bibel. © Deutscher Taschenbuchverlag, München 1996, S. 158–161

Kapitel 6: „Wo immer die Liebe gelingt und das Leben glückt" Freundschaft und Glück

Ohne Überschrift („Daß wir Liebe werden"), aus: Dorothee Sölle/Fulbert Steffensky: Wider den Luxus der Hoffnungs losigkeit. © Verlag Herder, Freiburg i. Br. 1995, S. 106

Jemandem sein glück glauben, aus: Dorothee Sölle: fliegen lernen. © Wolfgang Fietkau Verlag, Kleinmachnow 1979, S. 25

Was zählt – Brief an meine Kinder, aus: Dorothee Sölle: Gegenwind. © Hoffmann und Campe, Hamburg 1995, S. 310–312

Sieben Wünsche, aus: Dorothee Sölle/Fulbert Steffensky: Zwietracht in Eintracht. © Pendo Verlag AG, Zürich 1996, S. 133

Zur Freude fähig werden, aus: Dorothee Sölle: Mystik und Widerstand. © Hoffmann und Campe, Hamburg 1997, S. 235–238

Jesus: der andere mit Glück ansteckt, aus: Dorothee Sölle: Phantasie und Gehorsam. © Kreuz Verlag, Stuttgart 1968, S. 63–65

Liebe kommt nie an ihr Ende, aus: Dorothee Sölle: Atheistisch an Gott glauben. Walter-Verlag, Olten 1968, S. 51, © Dorothee Sölle

Die Feinde der Liebe, aus: Dorothee Sölle: Lieben und arbeiten. Eine Theologie der Schöpfung. © Hoffmann und Campe, Hamburg 1999, S. 183–184

Rut und Noomi – Geschichte einer Freundschaft, aus: Dorothee Sölle: Träume mich, Gott. © Peter Hammer Verlag, Wuppertal 1994, S. 56–58

Meine beste Freundin, aus: Dorothee Sölle: Gegenwind. © Hoffmann und Campe, Hamburg 1995, S. 296–300

Im Glauben ganz und schön werden, aus: Dorothee Sölle: Wählt das Leben, © Kreuz Verlag, Stuttgart 1980, S. 29–31

Das Glück, nicht mehr getrennt zu sein, aus: Dorothee Sölle: Gott denken. © Kreuz Verlag, Stuttgart 1990, S. 108–109

Genauer wünschen lernen, aus: Dorothee Sölle: fliegen lernen. © Wolfgang Fietkau Verlag, Kleinmachnow 1979, S. 38

Kapitel 7: „Die Heiligkeit des Lebens berühren und miteinander teilen"
Die ermutigende Kraft der Tradition

Ohne Überschrift („Ohne dich ist Gott kleiner"), aus: Dorothee Sölle: Den Himmel erden. Eine ökofeministische Annäherung an die Bibel. © Deutscher Taschenbuchverlag, München 1996, S. 11

Ein kleiner Extratopf Hoffnung, aus: Luise Schottroff/Bärbel von Wartenberg-Potter/Dorothee Sölle: Das Kreuz: Baum des Lebens. © Kreuz Verlag, Stuttgart 1987, S. 51–53

Was Christsein bedeutet, aus: Dorothee Sölle: Wählt das Leben. © Kreuz Verlag, Stuttgart 1980, S. 95–98, 108–109

Credo, aus: Dorothee Sölle: meditationen und gebrauchstexte. © Wolfgang Fietkau Verlag, Kleinmachnow 1969, S. 24–25

Kirche außerhalb der Kirche, aus: Dorothee Sölle: Die Wahrheit ist konkret. Walter-Verlag, Olten 1968, S. 120–121, 126–128. © Dorothee Sölle

Wie ich mir Theologie wünsche, aus: Dorothee Sölle: Gegenwind. © Hoffmann und Campe, Hamburg 1995, S. 68–69

„Wir gehn uns nicht verloren", aus: Dorothee Sölle: fliegen lernen. © Wolfgang Fietkau Verlag, Kleinmachnow 1979, S. 37

Aus der Gewißheit Gottes leben, aus: Dorothee Sölle: Ein Volk ohne Vision geht zugrunde. © Peter Hammer Verlag, Wuppertal 1986, S. 135–136, 146–147

Lesen, aus: Dorothee Sölle: verrückt nach licht. © Wolfgang Fietkau Verlag, Kleinmachnow 1984, S. 117

Die alte Lehrerin, die Bibel, aus: Dorothee Sölle: Den Himmel erden. Eine ökofeministische Annäherung an die Bibel. © Deutscher Taschenbuchverlag, München 1996, S. 13–14

Psalmen essen, aus: Dorothee Sölle: Den Himmel erden. Eine ökofeministische Annäherung an die Bibel. © Deutscher Taschenbuchverlag, München 1996, S. 31–33

Inspirationen

Pierre Stutz
Ein Stück Himmel im Alltag
Sieben Schritte zu mehr Lebendigkeit
Band 5036
Mit konkreten spirituellen Übungen zeigt der bekannte Autor, wie wir die Quellen der eigenen Lebendigkeit wieder entdecken können.

Bernardin Schellenberger (Hrsg.)
Gib deiner Seele Flügel
Mystische Augenblicke für jeden Tag
Band 5031
Die schönsten und zugänglichsten Texte alter und moderner Mystiker – ausgewählt für jeden Tag. 365 Inspirationen, die aus der Routine führen.

Es gibt nichts Gutes, außer man tut es
Geschichten von wahren Engeln
Band 5022
Wahre Engel brauchen keine Flügel. Geschichten von Helden des Alltags, von der Freundlichkeit des Herzens und von der Kunst des Helfens.

Thomas Merton
Ein Tor zum Himmel ist überall
Zeiten der Stille
Band 5007
„Merton ist wirklich jemand, zu dem wir aufblicken können" (Dalai Lama).

Anthony de Mello
Gib deiner Seele Zeit
Inspirationen für jeden Tag
Band 4757
Inspirationen, die nach innen führen und jedem Tag mehr Tiefe und mehr Leben geben.